T0163984

DANS LA MÊME COLLECTION

LA PHILOSOPHIE
D'ARISTOTE

REPÈRES

COMITÉ ÉDITORIAL

REPÈRES PHILOSOPHIQUES

Directrice : Éléonore Le Jallé

LA PHILOSOPHIE D'ARISTOTE

REPÈRES

par

Gweltaz GUYOMARC'H

PARIS

LIBRAIRIE PHILOSOPHIQUE J. VRIN

6 place de la Sorbonne, V^e

2020

© *Librairie Philosophique J. VRIN*, 2020
Imprimé en France
ISSN 2105-0279
ISBN 978-2-7116-2967-1
www.vrin.fr

ABRÉVIATIONS

Resp.	*De la Respiration*
Vit.	*De la Vie et de la mort*
Poet.	*Poétique*
Pol.	*Politique*
Rhet.	*Rhétorique*
SE	*Réfutations sophistiques*
Top.	*Topiques*

LES VIES D'ARISTOTE

La biographie d'un philosophe doit naviguer entre deux écueils symétriques : tenir pour rien les conditions historiques d'émergence d'une pensée (Aristote naquit, vécut et travailla, puis mourut, et cela seul nous importerait pour le lire); ou bien faire de ces conditions autant de causes pesant directement sur cette pensée, selon un déterminisme univoque. L'importance historique de la pensée aristotélicienne a accru ce second risque : dès l'Antiquité, la vie d'Aristote a engendré une construction d'images, d'anecdotes, comme autant de paraboles ou d'apologues, supposés enseigner ce que doit être l'existence philosophique en général, ou rendre raison de sa philosophie en particulier.

Le début même de la vie d'Aristote s'expose à ce danger. Né en 384 avant notre ère, dans la cité grecque de Stagire (d'où son surnom de « Stagirite »), au Nord-Est de la péninsule Chalcidique, il eut pour parents Phaestis et Nicomaque, dont les deux familles se revendiquaient descendantes d'Asclépius, dieu de la médecine. Son père était lui-même médecin à la cour du roi de Macédoine, Amyntas III – certaines sources anciennes ajoutent qu'il en était aussi l'ami intime, sans doute pour ennoblir l'extraction d'Aristote. On a voulu trouver dans cette filiation l'origine de l'intérêt d'Aristote pour l'expérience sensible et la diversité des choses naturelles. À vrai dire, cette image d'un Aristote « Asclépiade », descendant d'Asclépius, n'est précisément que cela : une image. Il se trouve en réalité qu'Aristote perd assez tôt ses parents. De surcroît, quoique la médecine constitue chez lui une source récurrente d'exemples, il en va déjà de même chez Platon, lequel compare la philosophie, qui s'occupe de la santé de l'âme, à la médecine, qui s'occupe de celle du corps. Si un lien doit être tissé entre Nicomaque et l'engagement philosophique d'Aristote, il réside plutôt en ce que Nicomaque se serait intéressé non pas seulement à la pratique de la médecine, mais aussi à la théorie physique qui la sous-tend.

Orphelin assez tôt, Aristote a surtout été éduqué par celui qui devient son « gardien » à la mort de ses parents, un certain Proxène d'Atarnée, dont nous ne savons quasi rien, hormis une chose, et de taille : c'est que ce père adoptif fut assez perspicace pour déceler les capacités de son jeune protégé. Contrairement à une image vivace et teintée d'athénocentrisme, la Macédoine d'alors n'est certes pas une région reculée et étrangère à la culture. La cour macédonienne a été le lieu d'une intense activité intellectuelle, où l'on invite les artistes connus : le prédécesseur d'Amyntas III y fit venir le tragédien Euripide, le peintre Zeuxis et il sollicita même Socrate (qui, nous rapporte Aristote, aurait refusé, *Rhet.* II 23). Cependant, Proxène décide que l'éducation d'Aristote doit se poursuivre auprès de Platon, dont, d'après une source, il était proche.

Un métèque à Athènes

À 17 ans, Aristote débarque à Athènes. La cité s'est remise d'une lourde et longue épreuve : la guerre du Péloponnèse lui a fait perdre la moitié de sa population. Si l'on a longtemps considéré le IVe siècle athénien comme celui d'une décadence, c'est d'abord parce que des Athéniens eux-mêmes ont ainsi vu les choses, renvoyant au passé l'âge d'or de leur cité. Toutefois, au début du IVe siècle, Athènes est redevenue la principale puissance culturelle et économique de la Grèce. C'est la grande période de la rhétorique attique : les œuvres d'Isocrate ou, plus contemporaines d'Aristote, celles de Démosthène et d'Eschine, fournissent l'un des sommets littéraires de l'Antiquité. Grâce à son empire et à ses mines, Athènes s'est refait une santé financière, au point qu'on peut y rechercher le profit pour lui-même (ce qu'Aristote appellera la « chrématistique », *Pol.* I 9). Elle a aussi retrouvé la domination sur la mer Égée, quoique cette domination commence à être contestée dès l'époque où Aristote arrive à Athènes. Enfin, restaurée depuis 403, la démocratie bat son plein, renouvelant profondément ses institutions et ses règles de fonctionnement. En 367, Aristote arrive donc dans une cité florissante.

C'est en métèque qu'il s'installe à Athènes, un statut auquel il a dû se soumettre un mois après son arrivée. Cette position sociale réservée aux immigrés est celle d'une personne libre, c'est-à-dire qui n'est pas esclave, mais privée du statut de citoyen. Le métèque est dépourvu de droits politiques, ou même de la possibilité de se marier avec une athénienne. Il doit payer une taxe, le *metoikion*, et avoir un citoyen athénien pour « patron ». Athènes a connu de célèbres métèques avant

Aristote – comme l'orateur Lysias, pour n'en citer qu'un. Certains ont même pu prétendre à une exonération honorifique de la taxe de *metoikion*. Mais, tout « libre » que soit le métèque, il reste que la nécessité de prendre un patron le place bien dans une situation de domination, d'hétéronomie politique.

À son statut de métèque s'ajoute le fait qu'Aristote, bien que d'origine grecque par ses deux parents, restera toujours perçu comme macédonien, ou suspecté de sympathiser avec la Macédoine. Le mythe de l'autochtonie, qui voulait que les Athéniens fussent nés de la Terre elle-même, n'allait pas dans le sens d'une assimilation des étrangers. Les manifestations de ce qu'on appellerait aujourd'hui une xénophobie athénienne sont bien attestées. Du point de vue des Athéniens, les Macédoniens forment un peuple voisin mais étranger – et ce, bien avant les velléités impérialistes de Philippe II qui renforceront ce sentiment anti-macédonien. La Macédoine se situe aux marches de l'*oikoumène* grec et, chez l'historien Thucydide, par exemple, dans la dichotomie entre Grecs et barbares, les Macédoniens occupent une place intermédiaire et donc instable. Cela peut expliquer pourquoi il arrive à Aristote lui-même de ranger les Macédoniens aux côtés de peuples barbares comme les Scythes ou les Celtes (*Pol.* VII 2).

Le fondateur du Lycée n'a donc jamais été un « Athénien ». Cette position a-t-elle favorisé chez lui une distance critique vis-à-vis de la démocratie athénienne en particulier, et une frustration à l'égard de la vie politique en général ? Certes, Platon, déjà, présente une critique de la démocratie, alors qu'il était, lui, citoyen athénien. Certes aussi, dans ses réflexions politiques, Aristote n'envisage pas de supprimer le statut de métèque. Mais il est difficile de ne pas songer à son propre statut, quand Aristote reprend une expression d'Homère pour désigner le métèque « comme un errant privé d'honneurs » (*Pol.* III 5) et quand il fait de la participation à la vie politique une condition du bonheur. Une source ancienne lui fait même dire, dans une lettre à Antipater, que le citoyen et l'étranger n'y ayant pas les mêmes obligations, « il est difficile de vivre à Athènes ».

Amicus Plato

Lorsque le jeune Stagirite gagne l'Académie, Platon est au faîte de sa carrière. Il a déjà rédigé les dialogues dits de la « maturité » : le *Banquet*, la *République*, le *Sophiste*, etc. Il a installé son cercle à l'Académie, une vingtaine d'années auparavant, vers 387. L'Académie désigne un vaste parc, encerclant un gymnase, dans les faubourgs d'Athènes, et qui, avant Platon, servait déjà de lieu de rencontre aux sophistes ou aux intellectuels. Lorsque l'on dit couramment que « Platon fonde l'Académie », il faut donc surtout comprendre qu'il décide d'y établir son activité. C'est par la suite que Platon s'y fera offrir un petit jardin, par l'un de ses amis de Syracuse. Mais le terrain ne semble pas même avoir comporté de construction susceptible d'héberger ses collaborateurs ou étudiants. Selon toute probabilité, quand Aristote a rejoint l'Académie, il s'est logé, comme d'autres étudiants, dans une petite cabane, non loin du parc.

L'Académie n'est pas une université qui délivrerait cours obligatoires et diplômes, mais plutôt quelque chose comme un centre de recherche et de formation. Platon y fait venir des scientifiques, notamment des mathématiciens ou des astronomes. Les mathématiques y occupent une place importante – comme l'indique la légende, tenace mais que rien de solide ne confirme, selon laquelle Platon aurait fait inscrire à l'entrée de l'Académie l'inscription « Que nul n'entre ici s'il n'est géomètre ». Des sources plus fiables décrivent Platon posant des problèmes mathématiques à ses compagnons. La formation dispensée n'est pas que spéculative ; elle est aussi politique. Outre l'activité de Platon lui-même à Syracuse, on sait que nombre de ses élèves furent appelés à assurer des fonctions de conseillers politiques ou de législateurs de cités : deux d'entre eux se rendirent ainsi auprès du tyran d'Atarnée, Hermias, que l'on retrouvera un peu plus loin.

L'activité à l'Académie est d'abord orale et, déjà, on y débat en marchant. L'Académie n'est pas marquée par une orthodoxie doctrinale autoritaire. Les thèses de Platon, que ce soit sur le plaisir ou l'existence des Idées, sont sujettes à discussion. Le problème classique des relations entre Platon et Aristote doit être abordé en conservant ce contexte à l'esprit.

Sur ce point, en effet, les sources anciennes se divisent aisément entre celles qui sont favorables à Aristote et celles qui entendent le présenter sous un mauvais jour. Les premières font d'Aristote le meilleur disciple de Platon, quand les secondes abondent en anecdotes médisantes. Le rhéteur et historien Élien, jamais avare de ragots, raconte ainsi qu'à une époque où Platon était déjà fort âgé et commençait à perdre la mémoire, Aristote l'entoura avec ses propres disciples et l'assaillit de questions pour se faire valoir, tant et si bien qu'après cet épisode, Platon ne se promenait plus qu'au sein de son propre domaine et entouré de ses compagnons (*Varia Historia* III 19). Le biographe Diogène Laërce prête à Platon le mot selon lequel Aristote s'éloigna de lui comme un poulain ruant sur sa mère (V 2); mais c'est après avoir fait d'Aristote « le plus authentique des disciples de Platon » (V 1). Le surnom même que Platon aurait donné à Aristote, le « liseur » ou le « lecteur », entend-il faire d'Aristote un infatigable travailleur, ou bien un solitaire, coupé de la parole vivante du maître ?

Autrement dit, dès l'Antiquité, la question historique des rapports humains entre Platon et Aristote se voit recouverte par la question philosophique de leurs rapports doctrinaux. Par suite, il est à peu près impossible de statuer sur la fiabilité de tel ou tel témoignage, sauf par des indices externes de crédibilité (celle d'Élien, par exemple, n'est pas très forte…).

En réalité, cette mise entre parenthèses des rapports humains est déjà le fait d'Aristote. Après avoir indiqué que ses « amis » ont introduit l'existence des Idées, il s'exclame : « Quoiqu'en effet ces deux choses [amitié et vérité] nous soient chères (*philoin*), c'est un devoir sacré de préférer la vérité. » (*EN* I 4, 1096a16-17). La tradition le résumera dans le proverbe *Amicus Plato, sed magis amica veritas*, « Platon m'est cher, mais la vérité l'est davantage ». Le passage de l'*Éthique à Nicomaque* établit clairement la relation d'affection ou, disons, d'attachement d'Aristote pour Platon (le terme grec *philos* est d'une extension très large, qui va au-delà de la seule « amitié », au sens courant du mot français). Mais il hiérarchise aussitôt en faveur de la vérité, pour introduire la critique des Idées qui va suivre juste après. La proposition prend un tour redoutable si l'on s'avise qu'elle fait écho à des formules de Platon lui-même, dans sa critique d'Homère (*République* X 595c), ou prêtées à Socrate, qui recommande à ses interlocuteurs de ne pas s'occuper de lui, mais de la vérité (*Phédon* 91c).

Or la question philosophique des rapports doctrinaux entre Platon et Aristote ne saurait être réglée simplement. Aristote n'est ni tout à fait platonicien, ni radicalement anti-platonicien. Comme on le verra au chapitre suivant, il y a de profonds points d'accord entre Platon et Aristote – un réalisme des essences, un optimisme épistémologique, l'eudémonisme... Mais ces -ismes ne doivent pas cacher les objections tout aussi fortes qu'Aristote soulève contre son maître, y compris sur ce qu'est une essence, sur les pouvoirs cognitifs de la sensation ou sur la nature de la vie heureuse.

D'un pur point de vue historique, il nous reste donc ceci : Aristote a passé vingt années de sa vie auprès de Platon. Comme d'autres membres de l'Académie, il a critiqué Platon. Mais, contrairement aux autres disciples, il a fini par ouvrir sa propre école. Si l'on veut résumer simplement la tension ou l'ambivalence qui a marqué les rapports entre Platon et Aristote, on peut dire de ce dernier qu'il fut un platonicien dissident.

Pérégrinations

L'année 347 voit la succession de deux événements : Platon meurt ; Aristote quitte Athènes. Selon la vieille règle, succession ne veut pas dire relation de cause à effet, et quant aux raisons pour lesquelles Aristote quitte Athènes, nous en sommes réduits aux conjectures. Une première hypothèse, plutôt cancanière, est qu'Aristote n'ait pas supporté que ce soit Speusippe, le neveu de Platon, qui ait pris la tête de l'Académie et qu'excédé, il en ait claqué la porte. Mais cette hypothèse n'explique pas pourquoi Aristote n'a pas seulement quitté l'Académie, mais Athènes. Une seconde hypothèse, plus étayée historiquement, fait droit à la montée du sentiment anti-macédonien à Athènes. Depuis environ 352, Athènes est divisée entre les partisans de Philippe de Macédoine et ses opposants, dont le plus célèbre est le strict contemporain d'Aristote, le rhéteur et homme politique Démosthène. Or plusieurs sources s'accordent à prêter à Aristote une amitié avec Philippe. Quelques décennies plus tard, le neveu de Démosthène accusera publiquement Aristote d'avoir même partagé avec Philippe des informations sensibles « contre les Athéniens » (Aristoclès, Fr. 2 Chiesara). Une dernière hypothèse, qui n'est pas incompatible avec la précédente, est simplement qu'avec la mort de Platon, Aristote ne se soit plus senti retenu à Athènes et ait répondu positivement à l'invitation du roi Hermias pour se rendre à Assos.

C'est à Assos qu'Aristote se marie avec Pythias, membre de la famille d'Hermias. Quoique Aristote ne soit pas, à la différence de Platon, un philosophe de l'*eros*, les témoignages soulignent tous son amour sincère et profond pour son épouse. Dans une culture où le mariage a pour vocation principale d'encadrer juridiquement la filiation, comme l'atteste Aristote lui-même (*EN* VIII 14), ces précisions sont frappantes. Selon le testament d'Aristote, Pythias avait même demandé à être enterrée auprès de lui. Ils ont ensemble une fille, elle-même appelée Pythias. Après la mort de Pythias (l'épouse), Aristote aura pour compagne Herpyllis, originaire de Stagire. De cette union naît un fils, appelé du même nom que le père d'Aristote, Nicomaque ; c'est probablement à ce fils qu'est dédiée l'*Éthique à Nicomaque*.

Après trois ans à Assos, Aristote poursuit ses pérégrinations : on suppose qu'il a visité Lesbos, comme l'indiquent certaines de ses descriptions de poissons, qu'il aura effectuées lui-même ou recueillies auprès de pêcheurs. Puis, de Mytilène, il gagne Stagire. Aristote rejoint la cour de Philippe de Macédoine en 343. Le monarque lui enjoint de s'occuper de l'éducation de son fils Alexandre, alors âgé de 13 ans et destiné à prendre la tête d'un royaume en pleine expansion.

Depuis l'Antiquité, on a beaucoup glosé sur ce tutorat du jeune prince, au point de produire des textes fictifs décrivant leur relation et le contenu de l'enseignement. L'histoire a ici vocation à doucher les enthousiasmes romantiques sur ce que put être la formation du futur conquérant par l'esprit le plus brillant de son époque : nous ne savons, en réalité, rien de cet enseignement. L'absence de sources et, même, le silence des sources fiables (par exemple le fait que les fragments conservés de l'historien macédonien Marsyas de Pella ne mentionnent jamais la présence d'Aristote dans la formation d'Alexandre, alors que Marsyas aurait suivi la même formation qu'Alexandre) sont tels que des historiens ont fini par douter de la véracité de cet épisode. Il reste que l'épisode a une certaine plausibilité, si l'on croise les informations les moins sujettes à caution : les relations entre Philippe et Aristote, celles entre l'Académie et Philippe, le passage d'Aristote en Macédoine à cette période, la nécessité pour le futur Alexandre le Grand de recevoir une formation.

Le Lycée

Après l'assassinat de Philippe et la montée d'Alexandre sur le trône, Aristote revient à Athènes en 335 et ouvre son école, au Lycée. On l'a dit, ce fait consacre la rupture avec l'Académie. C'est d'autant plus le cas que les similitudes avec l'Académie sont frappantes.

Le lieu, d'abord : comme l'Académie, le terme de « Lycée » désigne un lieu préexistant, à savoir un gymnase, déjà prisé par les intellectuels – Platon rapporte que Socrate aimait y passer ses journées (*Banquet* 223d). Le lieu est nommé ainsi d'après le héros Lycos, fils de Pandion, et, initialement, nous rapporte l'historien Pausanias, en référence à Apollon Lycien, le dieu-loup. Comme l'Académie encore, le Lycée se situe un peu à l'écart de la ville. Comme l'Académie, enfin, le Lycée contient un *peripatos*, une promenade, au sens où l'on parle encore en français de « la promenade des Anglais » à Nice, c'est-à-dire un lieu spécifique destiné à la flânerie ou à la discussion effectuée en marchant. Mais ce sont principalement les disciples d'Aristote qui, dès l'Antiquité, seront nommés « péripatéticiens » (« principalement » parce qu'il arrive, ici ou là, que l'adjectif soit encore donné aux platoniciens). Le lieu s'est sans doute complexifié au fil des ans, jusqu'à combiner à la promenade un jardin, plusieurs maisons, des espaces de cours ou encore un Musée ; mais rien de tout cela ne fut la propriété du métèque Aristote.

Juridiquement, les deux écoles sont sans doute des sortes d'association non religieuses, au statut légal peu défini. Pas plus que l'Académie, le Lycée ne fait payer des frais d'inscription ou un prix d'entrée, contrairement à la pratique des sophistes ou de l'école de l'orateur Isocrate. Aristote plaide expressément pour cette gratuité dans le cadre de l'enseignement philosophique, car le prix de la philosophie « n'est pas mesurable en argent » (*EN* IX 1, 1164b3-4). Comme Platon, Aristote vit grâce à sa fortune personnelle, dont témoigne son testament conservé par Diogène Laërce. Le Lycée est aussi un centre de recherche et de formation – ne serait-ce qu'en raison de la diversité d'âge des membres qui fréquentent le cercle d'Aristote, les plus âgés ayant vocation à « faire progresser le plus possible en philosophie » les plus jeunes, pour reprendre une expression du testament de Théophraste, le successeur d'Aristote à la tête du Lycée (DL V 53). La collaboration scientifique autour de la personnalité d'Aristote n'a pas davantage impliqué d'orthodoxie autoritaire : le Lycée aussi est un lieu de débats, par exemple entre Théophraste et Aristote, dont nous avons gardé trace dans l'ouvrage de Théophraste intitulé *Métaphysique*.

On a beaucoup glosé sur l'idée défendue par P. Hadot d'une philosophie qui, dans l'Antiquité, se déterminait au premier chef comme « manière de vivre ». Par là, P. Hadot entendait signifier que la philosophie au sens le plus propre consistait non pas dans un discours, mais dans certaines expériences fondamentales et un choix de vie requérant une conversion. Que la philosophie ait, dès le départ, visé une formation et, même, une transformation des individus la pratiquant est, historiquement, à peu près indéniable. Il ne faudrait pas pour autant en inférer que la pratique en général et l'éthique en particulier aient constitué la fin principale de tous les courants philosophiques, ou encore que les discours philosophiques aient été intégralement au service de cette pratique, comme si le vrai et la recherche intellectuelle n'avaient de sens et de valeur qu'en vue du bien et du bonheur.

Une telle vision s'applique en effet mal au Lycée. Assurément, l'activité du Lycée présente une dimension à la fois spéculative et politique, théorique et pratique

– une distinction, comme on le verra, qu'Aristote est le premier à expliciter. L'activité politique y est toutefois moins rayonnante qu'à l'Académie, quoique certaines sources aient attribué à Aristote un travail d'ambassadeur et que l'*Éthique à Nicomaque*, notamment, puisse être lue comme un traité adressé aux futurs législateurs. Seulement, l'idée qu'il existe une « philosophie pratique » et, plus particulièrement, une « philosophie politique » (une expression forgée par Aristote), dit aussi que tout le savoir ne saurait s'y réduire, et que l'ensemble de la philosophie n'est pas intrinsèquement pratique ou politique.

Il y a un net parti-pris de la part d'Aristote et du Lycée en faveur d'un savoir visé pour lui-même, ce qu'il appelle l'étude théorique (*theôria*), c'est-à-dire la recherche scientifique. On trouve chez lui un plaidoyer vibrant en faveur du plaisir inhérent à cette vie de recherche, et même de la façon dont elle constitue un candidat sérieux au titre de la vie heureuse (*EN* X). La recherche théorique n'est pas un moyen en vue d'une autre fin ; elle est à elle-même sa propre fin. Ce que la tradition a nommé « vie contemplative » doit en réalité s'entendre au sens d'une communauté amicale de la recherche philosophique et scientifique, certes inscrite dans la cité, mais guidée avant tout par la quête autotélique du vrai.

Une conséquence de ce trait est que les différences les plus frappantes entre l'Académie et le Lycée sont précisément dues aux écarts dans l'orientation philosophique et dans la conception du savoir. Ainsi en va-t-il, par exemple, de la réévaluation aristotélicienne de la valeur épistémique des opinions et, plus précisément, de celles qui sont réputées, soit parce qu'elles émanent d'autorités intellectuelles, soit parce qu'elles sont majoritairement partagées, ce qu'Aristote appelle des *endoxa*. Le Lycée s'est donc livré à un travail de collecte des proverbes, mais aussi de ce qu'on pourrait appeler la littérature scientifique antérieure. Dès l'Antiquité, le Lycée passe pour avoir été la première école à rassembler systématiquement des collections de livres (Strabon, XIII 1.54). On peut mentionner, dans la même veine, l'élaboration des listes des vainqueurs aux Jeux Olympiques et aux Jeux Pythiques (une activité pour laquelle Aristote fut commissionné par les organisateurs des Jeux), ou encore ce qui a dû constituer un monumental projet de recherche : l'étude de 158 constitutions politiques. À plusieurs reprises, le corpus aristotélicien dessine l'idée d'un progrès scientifique par l'accumulation raisonnée des connaissances : il faut, dit le Stagirite, être reconnaissant même envers ceux qui ont formulé des théories plus superficielles, parce que ce sont eux qui permettent ensuite de s'approcher du vrai (*Met. α* 1).

Départ, mort et postérité

Aristote passe 12 ou 13 ans au Lycée. Mais en 323, à l'âge de 33 ans, Alexandre de Macédoine, devenu le conquérant que l'on sait, meurt. Revenu d'Inde deux ans auparavant, Alexandre déborde de nouveaux projets, mais doit faire face aux velléités des subordonnés qu'il a laissé gouverner les diverses provinces de son Empire, et notamment celles d'Antipater, « stratège d'Europe ». Une légende veut qu'Antipater ait fait empoisonner Alexandre, au moyen d'un poison fourni par Aristote. Ce dernier aurait participé à cet assassinat dans le dessein de venger son neveu Callisthène, mis à mort par Alexandre pour avoir comploté contre lui. C'est plus probablement l'épuisement, l'alcool et la malaria qui ont raison de celui qui se faisait appeler « dieu invaincu ». À Athènes, après 15 ans d'humiliations, le parti anti-macédonien exulte et emporte la faveur populaire. Rapidement, aux côtés d'autres cités grecques, les Athéniens s'embarquent dans une guerre contre Antipater, la guerre lamiaque.

La même année, Aristote quitte Athènes pour Chalcis, en raison d'une menace de procès pour impiété. Il est difficile de ne pas faire le lien avec la situation politique et, de nouveau, le fort sentiment anti-macédonien. Du reste, plusieurs sources font état de liens entre Antipater et Aristote, et le testament de ce dernier mentionne deux fois celui qui va finir par vaincre la rébellion athénienne. Or les procès pour impiété ne sont pas rares à Athènes (il suffit de penser à Eschyle, Protagoras ou Socrate). Ce chef d'accusation peut servir à cacher d'autres motifs, comme, précisément, dans le cas de Socrate. Plusieurs sources font dire à Aristote qu'il prend la fuite pour éviter aux Athéniens « de se rendre deux fois coupables contre la philosophie » et, si la formule n'est pas authentique, elle est assez frappante pour être citée.

Aristote vit encore un an à Chalcis, la ville d'origine de sa mère. Il y enseigne et poursuit ses travaux. Sa mort, parce qu'elle devait servir de leçon ou d'événement frappant, a, dès l'Antiquité, suscité de nombreuses fictions. L'une des plus célèbres, rapportée par Diogène Laërce, dit qu'Aristote se suicida par un poison, comme Socrate ; une autre, qu'au désespoir de ne pas comprendre les marées du fleuve Euripe, Aristote se soit jeté dedans, ou bien encore qu'il en soit mort d'abattement. Ces dernières versions font ainsi périr le Philosophe par ce « désir de savoir » qu'il a lui-même théorisé comme étant l'apanage de l'humanité (*Met.* A 1). L'hypothèse la plus probable est qu'en 322, Aristote ait été emporté par une maladie des intestins ou bien de l'estomac.

Tout au long de son œuvre, Aristote paraît éviter d'affronter directement la question de l'immortalité de l'âme. Les seuls passages où il s'en approche accordent l'éternité et l'incorruptibilité à l'intellect et à la connaissance (par exemple en *DA* I 4 ou III 5). C'est dans cette perspective qu'Aristote associe la vie consacrée à la recherche scientifique avec l'invitation à « s'immortaliser autant que possible » (*EN* X 7).

De fait, l'aristotélisme n'est pas mort avec Aristote. Cela tient d'abord à des raisons historiques et matérielles : l'existence du Lycée a permis à la philosophie d'Aristote, comme il en ira ensuite de celles du Jardin ou du Portique, d'être transmise et de gagner ainsi une histoire. Malgré une éclipse partielle durant la période hellénistique, c'est bien la réception du corpus aristotélicien qui, comme le dit Strabon au Iᵉʳ siècle avant notre ère, a permis aux péripatéticiens de « pratiquer réellement la philosophie » (*Géographie*, XIII 1). Même après la probable destruction du Lycée comme lieu physique de l'école au Iᵉʳ siècle avant notre ère, nous avons des traces claires d'un courant de pensée explicitement affilié à Aristote jusqu'aux environs du IIᵉ siècle de notre ère. L'aristotélisme figure encore en bonne place parmi les quatre écoles représentées dans les postes de professeurs de philosophie que finance l'empereur Marc Aurèle, à Athènes, en 176. L'un de ces postes est occupé en particulier par Alexandre d'Aphrodise, qui passe pour l'« Exégète par excellence » d'Aristote et assure, pour une large part, la transmission d'un corpus unifié à l'Antiquité tardive et au Moyen Âge.

Dans l'Antiquité tardive (IIIe-VIe siècle), la pensée aristotélicienne se voit intégrée à l'enseignement néoplatonicien comme un indispensable prélude à l'étude de Platon. C'est par ce biais qu'Aristote a été transmis, partiellement au Haut Moyen Âge latin, mais de façon plus complète, aux pensées syriaques, arabes, juives et byzantines. Aristote devient ainsi le philosophe le plus commenté, repris, discuté au Moyen Âge. Il y est même *Philosophus*, « *le* Philosophe ».

Aujourd'hui encore, pour la philosophie telle qu'elle se fait, l'aristotélisme demeure une source d'inspiration dans au moins quatre champs : l'éthique (notamment dans les éthiques des vertus), la philosophie politique (par exemple avec les approches par capabilités et les théories de la justice afférentes), la philosophie de l'esprit (avec le renouveau de l'hylémorphisme), la métaphysique (à travers les questions des catégories ou de la causalité). Plus largement, ce qui nous a été transmis de l'œuvre d'Aristote, initialement destiné aux spécialistes, a infusé dans notre culture. Comme aimait à le noter le spécialiste d'Aristote, Jacques Brunschwig, quand on dit qu'il faut « mettre de l'essence dans un moteur », on devrait soulever deux fois son chapeau en l'honneur d'Aristote. On pourrait multiplier les exemples : parler du sujet et du prédicat dans une proposition, c'est à nouveau emprunter au vocabulaire aristotélicien.

S'en tenir à des raisons historiques ne permettrait toutefois pas de comprendre tout à fait comment Aristote a pu devenir le philosophe le plus influent de l'histoire de la philosophie occidentale (au sens large, telle qu'elle comprend aussi les philosophies syriaques, byzantines, juives et arabes). Il y va en outre de raisons plus théoriques. Si ses recherches ont couvert à peu près tous les champs du savoir de son époque, elles en ont aussi ouvert de nouveaux. La pensée aristotélicienne présente assez de zones théoriquement sous-déterminées pour avoir provoqué tout un travail d'interprétation, mais aussi de reprise de son projet.

La pensée d'Aristote a quelque chose de monumental. Ce monument n'est toutefois ni figé, ni total, et sa richesse se mesure à l'aune de ces multiples prolongations, *via* la tradition péripatéticienne, au point d'avoir imprégné une bonne part de notre civilisation. Cette richesse tient aussi à l'effort aristotélicien pour ménager les exigences propres à l'Un – l'unification que requiert le travail de la pensée – et au Multiple – la diversité inhérente au réel, la multiplicité des choses, de leurs modes d'être et, pour la majorité d'entre elles, de leurs mouvements. C'est vers l'ampleur de cette pensée, ouverte et plurielle, qu'il faut maintenant se tourner.

LA PENSÉE D'ARISTOTE

Refonder la science

On n'a bien sûr pas attendu Platon et Aristote pour faire ce qui, au Vᵉ siècle avant notre ère, reçoit déjà le nom de mathématiques, de physique, ou encore d'astronomie. Une bonne partie de la pensée d'Aristote ne se comprend qu'avec, en arrière-fond, cet essor de savoirs spécialisés. Aristote lui-même s'en fait l'écho quand il évoque les mathématiques égyptiennes, qui se sont développées parce que les prêtres avaient assez de temps libre (*Met.* A 1). Les civilisations minoenne et mycénienne possédaient des systèmes de notation mathématique. Et ceux que nous appelons « présocratiques » (Thalès, Empédocle etc.), et qu'Aristote nomme justement « physiciens », construisent l'idée d'une connaissance positive de la nature (*phusis*). Le « corpus hippocratique », enfin, témoigne d'une intense activité en médecine.

Toutefois, le point capital et difficilement concevable pour nous est qu'avant Platon, le mathématicien et le potier ne semblent pas avoir été considérés comme s'adonnant à deux activités très différentes. Dans nos maigres sources, Thalès de Milet, par exemple (Vᵉ siècle av. J.-C.), est présenté à la fois comme un astronome et un ingénieur. C'est dire combien les frontières entre un savoir

scientifique théorique et les divers savoirs techniques
étaient peu définies. Platon l'atteste encore, quand,
dans son *Théétète* (146c-d), il fait dire au personnage
éponyme, qui allait devenir un mathématicien de renom,
qu'est « science » tout ce qui peut s'apprendre, donc aussi
bien la géométrie que la cordonnerie. Théétète ne fait
qu'expliciter un usage courant du terme grec d'*epistèmè*,
qui, chez Homère ou Thucydide, peut s'appliquer tout
autant au fait de savoir nager qu'à la stratégie militaire.
Chez Aristote, il arrive encore que les termes d'*epistèmè*
et de *tekhnè* fonctionnent comme synonymes.

La rupture opérée par Platon consiste à expliciter la
question : qu'est-ce que la science ? Conformément au
« je ne sais rien » de Socrate, et à l'interrogation qu'il
engage sur ce que *savoir* veut réellement dire, Platon
accomplit un mouvement réflexif, par lequel la pensée
en général et la science en particulier reviennent sur
elles-mêmes. Aristote s'inscrit de plain-pied dans ce
mouvement réflexif initié par son maître. Avec lui, il
partage aussi ce qu'on pourrait appeler un optimisme
épistémologique, à savoir la thèse selon laquelle l'esprit
humain est capable d'accéder à la réalité et d'énoncer des
propositions vraies.

Comme Platon, Aristote se place en effet au
croisement d'une double opposition. Aux anciens
physiciens, tous deux reprochent d'avoir pratiqué la
science sans véritable méthode et sans conception claire
de ce que doit être une explication scientifique. Dans
le *Phédon*, Platon fait raconter à Socrate ses premières
lectures des anciens physiciens. Socrate y décrit combien
ces lectures ont été pour lui source de « confusion » et
d'« aveuglement », combien elles lui ont « mis la tête
à l'envers » (96b). Loin d'être une simple description

psychologique, cette analyse fait paraître le « signe irréfutable » et la « preuve suffisante » (96c) de l'échec de cette prétendue science. La raison en est que, pour Platon comme Aristote, la « science » désigne au premier sens un certain type d'état mental : le fait de savoir avec certitude et de savoir *pourquoi* l'on sait ce que l'on sait. En réalité, la science des anciens physiciens échoue parce qu'elle ne sait pas expliquer rigoureusement, faute d'une bonne théorie de la causalité. Dans ce sillage, Aristote reconnaît aux physiciens le mérite d'avoir tenté de connaître la nature, mais fustige leurs errements : ils sont comme des soldats qui portent des coups au hasard et finissent fortuitement par toucher la cible, ou comme des enfants qui balbutient (*Met.* A 4 et 10). Il faudra donc, pour éviter ces errements, dégager une notion rigoureuse de cause, c'est-à-dire mettre en forme les réquisits que doit satisfaire une explication scientifique.

Les sophistes constituent le second pôle auquel Platon et Aristote s'opposent. Chez ce dernier, ce qui est critiqué est notamment la thèse de Protagoras selon laquelle toutes les opinions et tout ce qui nous apparaît sont vrais (*Met.* Γ 5). Cette thèse est examinée dans le cadre d'une discussion du principe « le plus sûr de tous », le principe de non-contradiction, d'après lequel il est impossible de concevoir que la même chose est x et n'est pas x, en même temps et sous le même rapport. Aristote montre que la thèse de Protagoras contrevient à ce principe : nous n'avons pas les mêmes opinions et les choses ne nous apparaissent pas de la même manière ; si donc toutes nos croyances sont également vraies, alors la même chose sera à la fois vraiment x et vraiment non-x. Dire que toutes les opinions sont vraies revient à détruire l'idée même de vérité, donc aussi celle de la science.

Les *Seconds Analytiques* rapportent une autre attaque à l'encontre de la possibilité de la science. Cette attaque est plus précise et si le nom de ses auteurs n'est pas mentionné, il est légitime de penser qu'elle provient aussi des sophistes. Admettons, dit cette attaque, que la science procède par la démonstration. Or toute démonstration repose sur des prémisses. Dès lors, de deux choses l'une : ou bien les prémisses premières sont, elles aussi, connues par démonstration, et on est pris dans une régression à l'infini (les prémisses d'une démonstration donnée devront elles-mêmes être démontrées par une autre démonstration, qui reposera elle-même sur d'autres prémisses, qui devront elles-mêmes être démontrées, etc.); ou bien les prémisses premières d'une science ne sont pas connues de façon scientifique et alors tout l'édifice de la science tient à une connaissance non-scientifique et donc s'écroule (*A. Po.* I 3).

Les efforts de Platon et d'Aristote pour *re*fonder la science ne naissent pas de rien. Ils prennent place comme à un carrefour : entre la menace sophistique de l'impossibilité de toute science, les balbutiements de l'ancienne physique, et l'essor de savoirs spécialisés comme la médecine ou les mathématiques. C'est dans ce contexte que doit être replacé l'effort d'Aristote pour structurer le champ du savoir scientifique.

Un cadastre des savoirs

Aristote s'oppose en effet frontalement à l'idée platonicienne d'une science totale, maîtresse de tous les autres savoirs, au regard de laquelle ces derniers ne mériteraient même plus le titre de « science ». Qu'Aristote ait ou non raison d'attribuer une telle thèse à Platon se laisse discuter. Mais, tout au long de son œuvre, il adresse plusieurs objections à cette conception. La première repose sur la possibilité même d'*apprendre* une telle science (*Met.* A 9). S'il existait une science de toutes choses, alors elle inclurait tout savoir possible. Or, pour apprendre quelque chose, il faut à la fois l'ignorer, mais aussi partir de connaissances antérieures, puisqu'on n'apprend jamais quelque chose à partir de rien. Une science totale ne pourrait donc jamais être apprise – ce qui revient à dire qu'elle n'existerait jamais pour les êtres humains.

La prémisse selon laquelle tout apprentissage se fait au moyen de connaissances antérieures peut paraître faible. On objectera qu'il a bien fallu qu'on commence à apprendre. Cette objection est connue comme le « Paradoxe de Ménon », du nom du personnage éponyme du dialogue platonicien qui l'expose. Le paradoxe revient à soutenir deux prémisses : 1) on ne cherche à connaître que ce qu'on ignore ; 2) mais puisqu'on l'ignore, on ne saura le reconnaître comme l'objet de notre recherche, même si par hasard on tombait dessus (*Ménon* 80d). Le résultat du paradoxe est de rendre impossible toute recherche, donc aussi toute enquête scientifique.

Platon et Aristote ont en commun de répondre que notre quête de connaissance a en réalité toujours déjà commencé, qu'il n'y en a pas de point 0. Mais, ensuite, ils divergent. La réponse de Platon est complétée par sa théorie de la réminiscence, d'après laquelle savoir, c'est se ressouvenir de ce qu'on a déjà su, lorsque notre âme, avant notre naissance, séjournait auprès des Idées. Autrement dit, l'ordre de la connaissance, pour Platon, est circulaire.

Aristote a cette théorie en tête quand il critique l'idée d'une science totale. En effet, après avoir objecté qu'une telle science ne saurait être apprise par quiconque, il surenchérit : pour se sortir de l'objection, le platonicien pourrait rétorquer qu'en réalité, cette science peut être apprise parce qu'elle est « innée ». Réponse d'Aristote : « ce serait un prodige que nous ignorions posséder la plus haute des sciences ! » (*Met.* A 9, 993a1-2). Une critique similaire se lit dans le chapitre II 19 des *Seconds Analytiques* : il serait absurde de dire que nous possédons à l'état latent les connaissances les plus exactes. Comme Platon lui-même l'a appris à Aristote, savoir, c'est savoir que l'on sait. L'idée d'un savoir latent ou inconscient est donc une contradiction dans les termes. Puisqu'une science totale ne pourrait être ni apprise, ni innée, c'est simplement qu'elle n'existe pas.

Aristote avance en outre des arguments de fait contre cette idée d'une science totale. Selon lui, les différentes sciences peuvent parfaitement fonctionner de manière autonome, libérées de la tutelle dialectique sous laquelle Platon les plaçait (*A. Po.* I 11). Toute science porte sur un certain domaine d'objets, ce qu'Aristote nomme un « genre ». Il est donc légitime de distinguer les différentes sciences en fonction de leur type d'objets.

Cette critique conduit logiquement à ce qu'on pourrait appeler une pluralisation des savoirs, qui constitue l'un des gestes les plus marquants d'Aristote, et dont nos Universités sont encore les lointaines héritières. Aristote distingue trois grandes sortes de sciences (notamment en *Met.* E 1) : les sciences « productrices » (tous les savoir-faire techniques, y compris la médecine) ; les sciences pratiques (l'éthique et la politique) ; les sciences théoriques (les mathématiques, la physique et la philosophie première). Ces trois types de savoirs sont caractérisés par leurs finalités respectives et dans un ordre croissant d'intériorité. Les sciences productrices visent à produire un objet extérieur au sujet. Les sciences pratiques visent à transformer l'agent lui-même. Les sciences théoriques, enfin, visent le savoir pour lui-même. Le mathématicien, par exemple, cherche à accroître son savoir pour le simple plaisir de connaître. Cette tripartition des savoirs est parfois réduite à une bipartition, par exemple quand il s'agit de mettre en lumière la spécificité de tel ou tel savoir. Ainsi arrive-t-il à Aristote de distinguer seulement les sciences théoriques d'un côté, des sciences pratiques et productrices de l'autre (*EE* I 1).

C'est dans les sciences théoriques que le critère d'objet fonctionne le plus nettement. Elles ne portent pas sur ce qui dépend de l'homme (à la différence des sciences productrices et pratiques), mais sur la réalité en général, l'ensemble des choses qui sont. Les passages à ce sujet (par exemple *Met.* E 1 et *DA* I 1) sont d'une redoutable difficulté et très discutés depuis l'Antiquité. Mais tout au moins peut-on y repérer ceci : la physique porte sur des êtres mobiles, qui possèdent en eux-mêmes le principe de leur mouvement, qui sont sensibles et composés de matière. La physique d'Aristote englobe ainsi ce que nous appelons biologie et chimie. Les mathématiques portent sur ces mêmes êtres, mais sans prendre en considération leur matière sensible. Ainsi le géomètre ne s'intéresse-t-il pas à telle sphère sensible, un ballon ou une bulle de savon, mais seulement à la forme sphérique. Enfin, la philosophie première est dite porter sur des êtres totalement séparés de la matière.

Si la tradition a en général surtout retenu ce geste de pluralisation du savoir, il convient de souligner combien celle-ci n'implique pas pour autant une clôture imperméable des savoirs entre eux. Ainsi y a-t-il des sciences à la frontière entre deux régions du savoir, par exemple l'astronomie ou l'optique qui sont des sciences mathématiques, mais « les parties plus physiques des mathématiques » (*Phys.* II 2). L'astronomie étudie des objets mobiles, à savoir les astres (*Met.* A 8); mais, pour ce faire, elle utilise des théorèmes issus des mathématiques, sans doute de la géométrie (*A. Po.* I 13; *PA* I 1). Un autre exemple de porosité se trouve entre la physique et l'éthique. Parce que le terme d'âme désigne le principe de vie des êtres vivants, c'est à la physique qu'incombe l'étude de l'âme en général, donc aussi de l'âme humaine. Mais l'éthique recherchant ce qu'est la vertu pour pouvoir la mettre en pratique, elle doit aussi, dans une certaine mesure, être informée à ce sujet. « Dans une certaine mesure » seulement, puisque son enquête ne doit pas consister à rechercher ce qu'est l'âme humaine en général, mais à y prélever ce qui peut servir à l'action et à cette mise en pratique de la vertu (*EN* I 13).

Discours des méthodes

Parce que l'épistémologie aristotélicienne est, comme on dirait aujourd'hui, « *Object-Oriented* » (orientée vers l'objet), elle se construit comme fondamentalement pluraliste. Comme le résume bien le plus proche collaborateur d'Aristote, Théophraste, le savoir scientifique étant multiple, chaque savoir requiert une « manière propre » de conduire son enquête (Théophraste, *Met.* 9a10-12). Il n'existe pas une et une seule norme universelle de scientificité, mais diverses méthodes qui doivent respecter la spécificité de leur objet.

Ainsi, les mathématiques portant sur des objets dépourvus de matière sensible et de mouvement, elles peuvent et doivent viser la rigueur et l'exactitude (*akribeia*). En revanche, exiger cette même exactitude dans d'autres domaines, par exemple en éthique, est la marque d'un « manque de culture » (*EN* I 1 ; *EE* I 6). Non seulement l'éthique porte sur l'action humaine ; elle a donc affaire à une matière vivante et mouvante, aux prises avec la contingence. Mais l'éthique vise en outre à guider notre action : il lui est donc inutile de rechercher une définition « exacte » de l'essence de la vertu. Puisque ce qui importe, *in fine*, c'est d'agir, le philosophe pratique est fondé à se contenter, par exemple, d'une approche « par esquisse » de la vertu (*EN* II 2). Loin d'être un renoncement à la scientificité, cette approche manifeste au contraire l'effort de l'éthique pour adapter sa méthode à son objet.

Cette méthode propre à l'éthique consiste à « partir des phénomènes » (*EN* VII 1 et *EE* I 6). Ici « phénomène » ne désigne pas tant les faits perceptifs que les opinions répandues parmi les hommes (ce qui leur apparaît et fait l'objet d'une croyance), par exemple leurs jugements évaluatifs du type « x est bien », « y est mal ». Or, note Aristote, ces croyances morales sont en conflit et il revient à la science pratique d'explorer ces conflits. Il va donc falloir accepter certaines opinions, en rejeter d'autres, et tester leur cohérence avec tout un système de croyances, en vue d'aboutir à la plus grande conservation possible de ces opinions admises. En d'autres termes, la qualité d'une doctrine éthique est directement fonction de l'accord et de l'équilibre qu'elle produit entre les croyances. Comme le dit Aristote au sujet de l'amitié (*EE* VII 2) : « nous devons trouver une définition qui en même temps rendra compte au mieux des opinions sur ces sujets et résoudra les difficultés et les contradictions ». Au XXᵉ siècle, J. Rawls dans sa *Théorie de la Justice*, se souviendra d'Aristote quand il évoquera la méthode de l'« équilibre réfléchi » de nos intuitions morales fondamentales.

Une telle méthode pourrait sembler faire déchoir l'éthique au rang de simple élaboration de nos opinions. En réalité, elle est aussi sous-tendue par une épistémologie de la formation de nos croyances. D'après Aristote, nul ne saurait complètement manquer la vérité (*Met.* α 1 ; *EE* I 6). Du reste, la méthode de l'éthique ne vise pas n'importe quelle opinion (*doxa*), mais celles qui sont communément admises ou qui émanent d'autorités intellectuelles (*endoxa*). Parce qu'elle doit faire la part entre ces opinions admises, cette méthode engage aussi un travail de rectification des *endoxa*. Enfin, parmi ces croyances de base, figurent des thèses dont la testabilité et la valeur épistémologique sont plus fortes (par exemple l'idée d'une nature humaine, *EN* I 6). Ainsi, l'approche « par esquisse » évoquée ci-dessus ne revient-elle pas à renoncer à la vérité (*EN* I 1).

La physique fournit un autre cas emblématique d'appropriation de la méthode d'une science à son objet. Contre Platon, il s'agit de montrer que l'étude de la nature peut prétendre au titre de science, et non pas seulement à celui de « discours vraisemblable » (*Timée*). Il importe donc de bien circonscrire l'objet de cette science. Afin de ne pas réveiller le mirage d'une science totale, Aristote insiste, d'une part, sur l'extension limitée de la nature : il y a certaines réalités qui sont soustraites au devenir et au mouvement (les objets mathématiques, par exemple, ou le premier moteur immobile). D'autre part, même si la nature n'est pas le règne de la stricte nécessité, il existe en elle des régularités suffisantes pour justifier le travail de la science.

Assurément, reconnaît Aristote, la nature est marquée par une dose de contingence : tous les processus naturels n'aboutissement pas constamment à leur fin, que ce soit au niveau de l'espèce ou au niveau individuel. Il arrive qu'une jument mette au monde autre chose qu'un poulain (un mulet). Il arrive que des animaux pourvus de branchies soient néanmoins dotés de quatre pattes (le triton). Il arrive que des êtres possèdent des yeux mais, dès la naissance, ne voient pas. Ces accidents sont comme des ratés au sein des processus finalisés caractéristiques de la nature. Cependant, ces cas sont explicables (par un trop-plein de matière) et ils restent des exceptions, qui n'interdisent pas de formuler des propositions générales. Aristote invente donc une expression pour désigner ces régularités qui tolèrent des exceptions : la nature est du domaine de ce qui se produit « dans la plupart des cas ». Par là, il désigne une modalité d'événements, dont le contraire est possible quoiqu'il se produise moins souvent (*Top.* II 6). L'expression de ce qui se produit « dans la plupart des cas » n'a donc pas un sens statistique ou probabiliste. Ici encore, réclamer l'exactitude mathématique et la nécessité pure de ce qui se produit absolument tout le temps, serait oublier la spécificité de la physique et manquer d'éducation (*Met.* α 3).

Cette innovation conceptuelle de la nécessité naturelle suffit à elle seule à montrer combien la nature est structurée de telle sorte qu'elle peut légitimement constituer l'objet d'une science. Il y a de l'être dans le devenir, de la stabilité dans le mouvement, de l'intel-ligible dans le sensible. Le champ de la science ou de la philosophie peut ainsi être étendu – contre ceux qui restreignent la philosophie aux seules mathématiques (*Met.* A 9, qui vise les platoniciens). Le pluralisme des méthodes scientifiques est ainsi solidaire d'un accroissement du champ de la science.

Toutefois, ce pluralisme épistémologique peut aussi sembler aboutir à une forme d'incommensurabilité entre les savoirs, chaque science ayant sa propre méthode. Une question serait de déterminer jusqu'où va cette incommensurabilité : toutes les sciences (productrices, pratiques, théoriques) sont-elles des « sciences » au même sens du terme ? Ou bien le sens de « science » change-t-il radicalement quand on lui accole un adjectif comme « pratique » ou « théorique » ? Aristote n'aborde jamais de front cette difficulté. Sa position se situe sans doute à mi-chemin entre les deux extrêmes. Il semble, en effet, que le terme de « science » puisse conserver un sens minimal entre ces trois sortes.

En *Met.* A 1, Aristote décrit la formation de notre savoir à partir de la sensation. Pour apprendre, il faut posséder, outre la sensation, la mémoire, comme c'est le cas pour nombre d'animaux. Mais peu d'entre eux possèdent en plus la capacité à développer une « expérience », laquelle consiste à induire une notion (par exemple que le feu brûle) à partir d'une multiplicité de souvenirs. Il y a encore un pas à franchir pour s'acheminer au stade de la technique ou de la science : « la technique naît quand, à partir de multiples notions issues de l'expérience, se produit une seule conception universelle au sujet des cas semblables » (981a5-7). Aristote décrit à nouveau un phénomène d'unification : de même que l'expérience résulte de l'unification de souvenirs, eux-mêmes issus de sensations diverses, de même la technique naît-elle d'une unification des notions diverses, elles-mêmes issues de ces expériences. Aristote prend la médecine pour exemple. Avoir de l'expérience consiste à être capable de dire que, lorsque Callias a telle allergie, tel antihistaminique le soulagera, et qu'il en ira de même pour Socrate, s'il souffre d'une allergie similaire, et dans les autres cas « pris un par un ».

Sans avoir fait des études de médecine, je puis savoir que tel médicament est efficace dans telle situation qui s'est répétée. La médecine, au contraire, consiste à savoir que « tel remède est utile à tous ceux qui sont tels, définis en fonction d'une seule forme (*eidos*), souffrant de telle maladie » (981a10-11). Que je prenne un antihistaminique par expérience ou sur prescription du médecin, le résultat est certes le même. Mais, avec la médecine, on passe d'une addition de cas « pris un par un », à une universalité (« tous »). Seulement, le médecin doit aussi savoir adapter ses prescriptions au cas particulier et son expertise ne porte pas sur des objets relevant d'une nécessité absolue ou mathématique, mais sur ce qui se produit « dans la plupart des cas ». Aristote insiste trop souvent sur la part de contingence qui affecte la tâche du médecin pour qu'on réduise ici la différence entre expérience et art à celle entre simple généralité et universalité. L'accent, dans la proposition d'Aristote, porte en réalité sur l'expression « définis en fonction d'une seule forme ». Le savoir du médecin ne porte pas sur une collection de cas particuliers pris un à un, mais sur un ensemble unifié (qui tolère d'éventuelles exceptions) dont il connaît les traits essentiels. La suite du chapitre le résumera : toute science est savoir de la cause. Est médecin celui qui est en mesure d'expliquer pourquoi tel antihistaminique convient à telle allergie, et donc de définir telle allergie.

Visée de l'universalité (soit absolue, soit « dans la plupart des cas ») et recherche de la cause fournissent ainsi une caractérisation minimale de tout savoir scientifique, qu'il soit producteur comme la médecine, pratique comme l'éthique, ou théorique comme la physique. On se rappelle le sens premier que Platon et Aristote prêtent au terme de « science » : un certain type d'état mental qui consiste à savoir *pourquoi* l'on sait ce que l'on sait.

Hors la science

Si la refondation aristotélicienne de la science s'illustre au premier chef dans son effort pour structurer, de l'intérieur, le champ du savoir scientifique, il importe aussi au Stagirite de délimiter de l'extérieur le champ possible de la science. Autrement dit, il y va de ce qu'on appellerait aujourd'hui la question de la « démarcation » entre science et non-science.

Platon considérait la dialectique comme la plus haute des sciences. Chez Aristote, parce que précisément elle transcende les genres, c'est-à-dire parce qu'elle peut porter sur toutes choses, la dialectique ne peut constituer une science. « Dialectique » ne devient plus que le nom d'un art du dialogue par questions et réponses, sur à peu près n'importe quel sujet. C'est ce qui explique les usages parfois péjoratifs du terme de dialectique chez Aristote, qu'il lui arrive d'associer à la sophistique (*Met.* Γ 2). Simultanément, pourtant, Aristote détaille aussi tous les services qu'elle peut rendre. La dialectique ne désigne en effet pas un « art de la conversation », comme dans les salons français des XVIIe et XVIIIe siècles, mais une technique réglée, par laquelle on apprend, face à un problème donné dans une joute oratoire, à défendre une position, au moyen de syllogismes et à partir des opinions admises (*endoxa*). Elle peut dès lors rendre trois services : pour l'entraînement ou la gymnastique intellectuelle ; pour les contacts avec autrui ; pour ce qui relève des sciences philosophiques (*Top.* I 2).

Le premier service renvoie à la joute dialectique elle-même. Le second, plus large, vaut dans toute discussion avec autrui, notamment les discours publics. Aristote pense ici à la rhétorique, dont il dit qu'elle est le « pendant » de la dialectique (*Rhet.* I 1). Il sera effectivement utile, pour convaincre un auditoire, de connaître les opinions les plus répandues. Aristote explique le troisième usage de la dialectique en deux temps. La dialectique est d'abord utile au philosophe (c'est-à-dire au scientifique) parce que le fait de savoir « explorer une difficulté » (*diaporein*) et d'argumenter *pro et contra* nous procure un entraînement pour discerner le vrai du faux. Ce n'est pas le rôle de la dialectique que de trancher une question en fonction de la vérité. Mais avoir entendu les arguments en faveur des réponses possibles et sonder leur vraisemblance met en chemin vers la découverte du vrai. Aristote a cela en tête quand, dans la *Métaphysique*, il liste toutes les difficultés ou apories que doit affronter la « sagesse », en rappelant que cette exploration des difficultés est nécessaire pour pouvoir prétendre les résoudre – comme un juge qui doit entendre plaider les deux parties avant de pouvoir trancher (*Met.* B 1). Cet usage exploratoire de la dialectique est fréquent dans les ouvrages scientifiques d'Aristote. Il lui est habituel d'aborder un domaine scientifique en passant en revue les problèmes qui se posent et les opinions qui ont été soutenues par ses prédécesseurs. C'est même l'une des principales méthodes de l'éthique – mais cela vaut aussi pour les débuts de la *Physique*, du traité *De l'Âme*, etc.

Une utilité supplémentaire de la dialectique pour les sciences philosophiques consiste en sa capacité à examiner les principes des sciences. Cette dernière vocation a suscité le débat chez les spécialistes. Comment une discipline non-scientifique pourrait-elle se voir parée d'un rôle si capital? Car, avec leurs principes, il y va des fondations mêmes des sciences. Une interprétation considère que la dialectique ne fait pas qu'« examiner » ces principes, comme le dit le texte (*Top.* I 2, 101b3), mais qu'elle est même en mesure de les établir. Il faudrait alors distinguer, plus clairement que ne le fait Aristote, la « dialectique pure » (celle qui travaille à partir des opinions admises et sert dans les joutes oratoires) de la dialectique « forte » (qui s'occupe des principes et sert dans les sciences).

Un cas emblématique de cette dialectique « forte » se trouverait dans la seconde partie de *Métaphysique* Γ, lorsque Aristote s'attelle à établir le principe de non-contradiction (PNC). Pour ce faire, Aristote choisit une stratégie argumentative détournée. Par définition, il est impossible de démontrer un principe, puisqu'il est ce dont précisément part une démonstration. Exiger une démonstration d'un principe engagerait dans une régression à l'infini. Le principe de non-contradiction étant non seulement le premier principe de toute pensée rationnelle, mais aussi un principe ontologique (au sens où il dit quelque chose de vrai sur ce que sont les êtres, et n'est pas qu'une règle pour les discours ou les raisonnements), il est par excellence indémontrable. Est-ce à dire qu'on ne pourrait en garantir la vérité? Pour Aristote, au contraire, c'est une nécessité, puisque certaines célébrités de son temps (au premier chef, des sophistes comme Protagoras, mais aussi des physiciens comme Héraclite) le refusent.

Au lieu d'une démonstration directe, Aristote construit une argumentation indirecte « par réfutation » (*Met.* Γ 4). Il se place dans le cadre d'une discussion avec un interlocuteur refusant le principe de non-contradiction. Il suffit, soutient Aristote, que cet interlocuteur ouvre la bouche et énonce une parole pour qu'on puisse montrer qu'en réalité, quoi qu'il en dise, il respecte le principe. Le négateur du principe commet en effet une contradiction performative : l'acte même de parler (quel qu'en soit le contenu) vient nier le contenu même de son assertion (à savoir son refus du PNC). Le fond de la réfutation conduite par Aristote repose sur le phénomène de la signification : signifier quelque chose implique nécessairement de signifier qu'une chose est ainsi et pas autrement, ou qu'elle est ceci et pas cela, ce qui revient à accepter la vérité du PNC. Autrement dit, Aristote met son interlocuteur face à un dilemme : ou bien il parle et il ne peut dès lors que présupposer le PNC ; ou bien il ne parle pas – mais en ce cas, il ne peut pas même nier la vérité du PNC et il serait ridicule de chercher à réfuter quelqu'un qui se comporte comme une plante (*Met.* Γ 4). Une telle stratégie semble bien ressortir à la dialectique : elle suppose une situation de dialogue, avec un questionneur et un répondant ; elle ne se situe pas dans le cadre de la démonstration scientifique ; elle fait appel à des opinions admises.

Une interprétation plus modeste du rôle de la dialectique refuse la distinction entre dialectique pure et forte (absente des textes d'Aristote) et souligne que le texte de *Top.* I 2 dit seulement que la dialectique peut

« examiner » les principes, non qu'elle les « établit ». Si elle le peut c'est parce que, contrairement aux sciences, la dialectique n'est pas confinée à un seul genre d'objet. En dépit des apparences, ce qu'effectue Aristote avec le PNC en *Met.* Γ ne relève donc pas de la dialectique, simplement parce que ce qui est en jeu c'est bien la *vérité* du principe et qu'un tel point de vue n'est pas celui du dialecticien. Cela n'empêche pas le scientifique de tirer profit des compétences qu'il a acquises en pratiquant la dialectique. Que l'on adopte l'interprétation forte ou une vision plus modeste du rôle de la dialectique, il reste que celle-ci, quoique non scientifique au sens strict, est en mesure de venir au secours de la science. La science aristotélicienne part des phénomènes, mais il faut prendre le terme dans tous ses sens, aussi bien celui qui désigne l'expérience perceptive, que celui qui désigne ce qui nous apparaît au sens de ce que nous croyons, de nos opinions. La dialectique intervient dans le travail sur les phénomènes pris en ce second sens.

En tout discours

Comme on a commencé de le voir avec le principe de non-contradiction, la refondation aristotélicienne de la science est inséparable d'une théorie générale du discours. Pour qu'un discours soit vrai, il faut d'abord qu'il signifie quelque chose. La vérité d'une proposition ou d'une pensée est ici conçue comme le fait de poser que leur objet est tel qu'il est en réalité. Aristote n'est pas toujours très clair sur cette définition de la vérité, qui a été comprise ultérieurement comme une théorie de la vérité-correspondance (une proposition est vraie si et seulement si elle « correspond » à un état de fait extra-linguistique présent ou passé). Mais à tout le moins énonce-t-il que « dire que l'être est et que le non-être n'est pas, c'est vrai » (*Met.* Γ 7, 1011b27). Ou encore que : si la proposition « x est blanc » est vraie, alors nécessairement x est blanc (*DI* 9). Or, pour qu'un discours puisse être conforme à ce qui est, encore faut-il qu'il puisse sortir de lui-même et viser le monde.

Le *De l'Interprétation* décrit ainsi la relation de signification : « les sons émis par la voix sont des symboles des affections de l'âme » (16a3-4), notant ensuite que les mots changent d'une langue à l'autre, tandis que les affections de l'âme (c'est-à-dire les « pensées ») sont identiques pour tous les hommes. Il ne s'agit bien sûr pas de dire que tous les hommes pensent simultanément la même chose, mais que, hors cas pathologiques, si deux touristes contemplent la Vénus de Milo au Louvre, quoiqu'ils ne la décrivent pas dans la même langue, ils voient la même chose. Ils ont donc dans leur âme la même information concernant cette statue. Leurs mots pour désigner cette statue constituent des « symboles » de ces pensées issues du même objet. Le terme grec *sumbolon* renvoie initialement aux tessons d'une même pièce (de poterie ou de métal) qui servaient de signe de reconnaissance. Ailleurs, Aristote emploie le terme au simple sens de « parties » d'un même tout, ou de « signes ». Le langage est ce qui nous permet de nous référer à tel objet du monde, même en son absence – nous utilisons « les noms comme des symboles, à la place des choses » (*SE* 1, 165a7-8), ce qui nous évite d'apporter la Vénus de Milo chaque fois que nous l'évoquons.

La relation sémantique est donc une relation tripartite : mots – pensées – objets. La relation entre les mots et les pensées est conventionnelle (*DI* 2). Les mots ne sont pas des signes naturels, au sens où la fumée est signe du feu, ou bien le cri, signe de la douleur. Cette convention est culturellement ou politiquement déterminée et c'est pourquoi il existe des langues diverses. La relation entre pensées et objets, quant à elle, est naturelle : nos pensées « ressemblent » aux objets (*DI* 1). La nature fait que, hors cas pathologiques à nouveau, la rencontre d'un chien provoque dans un mon âme la représentation d'un chien, et pas celle d'un arbre.

Aristote soutient ainsi une théorie réaliste de la signification. Il s'oppose frontalement aux sophistes qui laissent le langage se replier sur lui-même – au motif que le langage ne saurait exprimer que ce qui nous apparaît subjectivement (Protagoras) ou que le langage ferait « être » tout ce qu'il énonce (Gorgias). Dans les deux cas, le langage se coupe de tout rapport à l'extériorité des choses, mais pour deux raisons distinctes : dans le premier, le langage s'emmure dans la subjectivité ; dans le second, il absorbe en lui cette extériorité. C'est pourquoi il importe à Aristote de fonder la possibilité d'une visée objective du langage, tout autant que de faire place à la possibilité de l'erreur, afin de repousser le slogan sophistique selon lequel tout discours est vrai.

En *DI* 1, Aristote renvoie lui-même au traité *De l'Âme* pour cette question. Ce traité montre, en effet, comment sensation et pensée sont des réceptions d'information. Le processus causal de cette réception implique que, si tout se déroule avec succès, les propriétés formelles de l'objet perçu sont transférées sans distorsion dans le sujet sentant. Le mot peut dès lors référer médiatement à la chose elle-même et le langage peut dire le monde tel qu'il est. Aristote ne méconnaît nullement les cas d'illusion perceptive, souvent allégués par ses prédécesseurs pour jeter le doute sur les pouvoirs cognitifs de la sensation ou cantonner chaque homme dans la sphère privée de son champ perceptif. Il rappelle lui-même qu'on ne peut accorder la même autorité à toute sensation – par exemple entre l'individu bien-portant et le malade atteint de jaunisse. Mais, d'une part, il y a, pour lui, un cas au moins où la sensation n'est jamais prise en défaut, c'est lorsque, dans des conditions normales, elle juge de son sensible propre, comme la couleur pour la vue, le son pour l'ouïe, etc. (*Met.* Γ 5 et *DA* II 6). D'autre part, l'argumentation sophistique qui réduit l'être à l'apparaître revient à confondre sensation et pensée. Or c'est la pensée ou l'intellect (*noûs*) qui peut rectifier les éventuelles défaillances de notre sensation et nous donner accès au fondement ultime de la signification d'un mot (*DA* III 4). Définir un terme, c'est, selon la leçon de Socrate, donner son essence. La possibilité de la signification repose ultimement sur notre capacité à accéder aux essences.

L'optimisme d'une telle position paraît se heurter à des objections de bon sens. Les langues regorgent de noms qui disent plusieurs choses – non pas seulement parce qu'« animal » désigne plusieurs sortes d'animaux, mais aussi parce que, selon l'exemple favori d'Aristote, « chien » peut désigner à la fois une constellation et un animal. Les langues contiennent en outre des noms qui ne désignent aucune chose du monde (l'exemple choisi est ici celui de l'animal mythique « bouc-cerf »). Aristote se montre fort conscient de ces limites. À la quantité finie des mots et des énoncés, il oppose l'infinité des choses du monde (*SE* 1). L'ambiguïté est un trait constitutif du langage. Mais ce n'est pas une raison suffisante pour laisser le langage se replier sur lui-même et en inférer que nous ne pouvons pas dire ce qui est. Si les noms signifiaient irrémédiablement une infinité de choses, alors « serait ruiné le fait de dialoguer les uns avec les autres, et, en vérité, aussi avec soi-même », c'est-à-dire la pensée (*Met.* Γ 4,1006b8-9). Or, sous-entend Aristote, la plupart du temps nous nous comprenons lorsque nous parlons.

Une bonne part des réfutations adressées à l'endroit des sophistes, dans l'ouvrage justement intitulé *Réfutations Sophistiques*, consistera donc dans ce travail de distinction des sens. Mais cette pratique est en réalité un geste constant du Philosophe, qui tout au long de son œuvre, affronte la polysémie des termes qu'il emploie. La tension entre l'Un et le Multiple est inhérente au langage et, à ce simple niveau déjà, sa résolution en passe par la reconnaissance de la pluralité.

PLURALITÉ DES ÊTRES

Penser le devenir

Comment une chose peut-elle changer ? C'est-à-dire : comment une chose peut-elle devenir autre, sans pour autant cesser d'être, en un sens, la même ? Le changement demande de conjuguer identité et altérité ou être et non-être, comme le note déjà Platon (*Sophiste* 256d), à telle enseigne qu'il semble confiner à la contradiction. C'est cette contradiction qui, selon le témoignage d'Aristote, conduisait les Éléates, Parménide et Zénon, à refuser une quelconque réalité au changement. Parce que, selon Parménide, « L'être est » et « Le non-être n'est pas », sans troisième voie, le changement est impossible et relève en fait d'une simple illusion perceptive. Autant dire que le projet d'une science du changement est donc absurde, ruiné dès l'abord. Aristote résume l'argument parménidien : « L'être, en effet, ne peut devenir, puisqu'il est déjà et que rien ne peut devenir à partir du non-être. » (*Phys.* I 8, 191a30-31). Aristote partage la seconde prémisse (rien ne naît de rien), admet aussi que le devenir pose problème à la pensée rationnelle, mais refuse la conclusion. Pour lui, le devenir ou le changement est une réalité et doit pouvoir être expliqué scientifiquement.

À première vue, une façon simple de définir le changement serait de dire qu'il est le fait, pour une chose, d'avoir à un instant donné, telle propriété *p*, puis, en un autre instant, telle autre propriété *s*, et qu'entre les deux, elle serait passée par les états *q* et *r*. Le changement serait ainsi le fait qu'une chose puisse posséder des propriétés distinctes en différents points du temps. Aristote récuse cette conception, que la philosophie contemporaine associe couramment à Hume et qui fait du changement une addition d'événements discrets. Pour le Stagirite, la réalité du changement est indissociable d'une continuité. De même qu'un voyage n'est pas qu'une succession d'étapes, additionner des états statiques ne suffit pas pour produire du changement. Ce réquisit de continuité fait à la fois la difficulté et l'intérêt que présente encore la théorie aristotélicienne pour la philosophie contemporaine (par exemple chez S. Mumford, qu'il résume dans un article de 2014, « Contemporary Efficient Causation. Aristotelian themes »).

Pour comprendre la solution aristotélicienne, il convient en premier lieu de rappeler l'extension octroyée à la notion de changement. Aristote distingue quatre sortes de changements : selon la substance (génération et corruption absolues, par exemple la naissance et la mort d'un être vivant); selon la qualité (altération, par exemple avoir les cheveux qui blanchissent, ou apprendre à lire); selon la quantité (croissance et décroissance, par exemple celles de la plante au cours des saisons); selon le lieu (transport). Quand il affine son vocabulaire (par exemple en *Phys.* V 1-2), Aristote réserve aux trois derniers l'appellation de « mouvements », mais il lui arrive aussi prendre le terme de « mouvement » en un sens large comme simple synonyme de « changement ». Il reste que, même pris en son sens restreint, Aristote a une compréhension plus ample du mouvement que celle que nous avons aujourd'hui à la suite de la physique moderne, laquelle réduit le mouvement au changement de lieu. Chez Aristote, apprendre à lire pour un homme, ou pousser pour une plante sont bien des cas de « mouvements ».

La *Physique* développe toute une série d'outils pour rendre raison de la réalité du changement. Ces outils sont à la fois construits à partir de l'observation de la nature, de la modélisation rationnelle et de la discussion des doctrines de ses prédécesseurs. Sont d'abord distingués trois principes, qui sont autant de conditions de possibilité pour tout changement. On l'a vu, pour qu'un changement ait lieu, il faut qu'un objet passe d'une propriété à l'autre. Plus simplement encore, il faut que la propriété qu'il acquiert durant le changement ait été auparavant absente. Aristote nomme cette absence « privation » (*sterèsis*) et la propriété acquise, « forme » (*eidos*). Tout changement va de la privation vers la forme et est donc borné par un couple de contraires. Apprendre à lire (changement selon la qualité), c'est passer d'une ignorance (privation) à une certaine compétence acquise (forme). Même le déplacement n'a lieu que parce qu'auparavant un mobile était au repos. Ces deux premiers principes, forme et privation, sont déjà un moyen de dégager la rationalité du changement en ce qu'ils reviennent à dire que n'importe quoi ne vient pas de n'importe quoi (*Phys.* I 5 ; *PA* I 1). Ils dégagent une première structure intelligible dans cet apparent désordre du devenir.

Mais il faut de surcroît que ce soit la même chose qui change : je ne deviens pas une autre personne en apprenant à lire. Aristote ajoute donc un troisième principe. Il l'appelle substrat ou sujet (*hupokeimenon*) et désigne ainsi ce qui demeure le même dans le changement. Dans le cas des mouvements au sens strict (altération, croissance et déplacement), le substrat est l'individu substantiel – par exemple Socrate, lorsqu'il se lève, est identique au Socrate qui était assis et au Socrate une fois debout. Dans le cas de la génération absolue (par exemple la naissance d'un petit d'homme), le substrat est la matière, qui reçoit une forme (ici, l'humanité).

Si le devenir doit pouvoir faire l'objet d'une science, c'est qu'il doit être explicable. Dans la lignée des trois principes précédents, Aristote élabore une théorie des causes, qui est aussi une théorie des modèles explicatifs que l'on peut faire jouer pour rendre raison d'une réalité en devenir. Il distingue quatre types de causes : la matière dont une chose est faite (cause matérielle) ; la forme ou l'essence de la chose (cause formelle) ; ce dont la chose provient et qui produit le changement (cause motrice ou productrice) ; ce en vue de quoi la chose est (cause finale). Cette théorie se construit à partir d'une discussion avec ses prédécesseurs et plusieurs indices laissent penser que la nature des causes était un vif sujet de débat dans l'Académie, à partir de la question de savoir de quoi et comment les Idées sont causes (voir déjà, par exemple, *Phédon* 100b). L'effort d'Aristote consiste à tirer profit de ces discussions antérieures, tout en distinguant plus finement ce qui était parfois confondu. Certains anciens physiciens tendaient à confondre les causes matérielles et motrices, du fait que, par exemple, le feu brûle (*Met.* A 3). Platon, quant à lui, confondait les causes formelle et productrice, en croyant que les Idées pouvaient présider à la génération des êtres et qu'elles produisaient la présence des propriétés déterminées dans les sensibles qui y participent. Pour Aristote, même en admettant que les sensibles participent les Idées, il faudrait compter la réalité produisant tel objet sensible au nombre des causes, par exemple l'artisan pour le lit ou le parent pour son enfant (*Met.* A 9 et M 5). Aristote s'efforce donc de distinguer des fonctions causales et, après avoir passé en revue les doctrines antérieures, conclut que cette quadripartition est exhaustive (*Phys.* II et *Met.* A).

Depuis le commentateur antique Alexandre d'Aphrodise (*Du Destin* 3), on a pris l'habitude d'illustrer les quatre causes par l'exemple d'une statue : le statuaire en est la cause productrice ; sa matière est le bronze ou la pierre ; sa forme est celle du discobole ou du lutteur ; sa fin est d'honorer un homme ou un dieu. Cette présentation scolaire et efficace n'est cependant pas tout à fait fidèle à Aristote. Celui-ci préfère choisir des exemples de registres différents quand il illustre les quatre causes, et ne donne quatre causes pour une même réalité qu'en soulignant que certaines d'entre elles peuvent être réunies. Chez les êtres naturels, Aristote considère en effet que les causes formelle, motrice et finale sont en réalité corrélées. L'essence d'un être est sa fonction, si bien que donner la cause formelle, c'est donner d'un même coup sa fin. Aristote soutient aussi cette corrélation à la faveur du slogan « un être humain engendre un être humain » (*Phys.* II 7). La proposition ne veut pas seulement dire que les chiens ne font pas des chats, mais que la forme spécifique du père (l'humanité) est contenue dans sa semence (cause productrice et formelle) et qu'elle fonctionne comme un programme qui vient régler le développement de l'embryon, puis de l'enfant, vers son humanité (cause finale).

On le voit : les causes aristotéliciennes ne sont pas de purs modèles explicatifs. Ce ne sont pas seulement des points de vue possibles sur un phénomène donné, ou des outils au service de l'enquête physique. Par-delà cette fonction épistémologique d'explication, les causes désignent au premier chef des réalités ou des relations réelles. La cause n'est pas seulement ce par quoi une chose est explicable : elle est, avant tout, ce par quoi une chose est ce qu'elle est, ou devient comme elle devient.

Nature et mouvement

C'est en effet dans la physique et appliquée aux êtres naturels que la théorie des quatre causes se réalise le plus complètement. La raison en est que seuls les êtres naturels sont susceptibles de cumuler les quatre causes et que, par conséquent, le physicien doit recourir à toutes. Aristote définit en effet la nature comme un principe interne de mouvement (*Phys.* II 1). Les objets techniques aussi sont en devenir, puisqu'ils sont produits. Mais, étant de la main de l'homme, ils ne possèdent pas en eux-mêmes le principe immédiat qui régit leur production. Les êtres naturels, au contraire, se développent par eux-mêmes, en fonction d'un programme interne.

Toutefois, les êtres naturels rassemblent à la fois les êtres animés (plantes et animaux) et les inanimés (les minéraux, le feu, etc.). Dans l'expression « principe de mouvement » ou « principe du mouvoir », il ne faut donc pas comprendre que le feu se mouvrait de lui-même, comme s'il était vivant, ou que la pierre désirerait, au sens littéral, aller vers le bas. Comme le dit explicitement Aristote, le feu ou la terre ne se meuvent pas d'eux-mêmes (*Phys.* VIII 4). Par conséquent, dans l'expression « principe du mouvoir », il faut à la fois entendre un sens passif (« être mû », qui vaut pour les êtres animés *et* les inanimés) et un sens réfléchi (« se mouvoir », qui vaut seulement pour les êtres animés). De fait, la forme du verbe grec, dans l'expression « principe du mouvoir », peut avoir les deux sens. La nature interne d'une chose naturelle est ainsi son principe au sens où a) elle détermine un faisceau de changements qui sont possibles pour cette chose et où b) elle est un principe explicatif suffisant de ces changements – alors que, pour expliquer la production d'une table, il faut nécessairement renvoyer à l'artisan. La nature (au sens de l'ensemble des choses naturelles) est ainsi un champ dynamique de réalités qui possèdent en elles des puissances, actives ou passives, de changement.

Cependant, Aristote ne répond pas encore complètement au réquisit de continuité auquel doit souscrire une théorie satisfaisante du changement. Les trois principes (forme, privation et substrat), notamment, pourraient encore servir dans une conception discontinuiste du changement comme succession d'états distincts : avant je (substrat) ne savais pas lire (privation) ; puis j'ai appris la lecture en passant par un certain nombre d'étapes ; enfin je sais lire (forme). C'est vers sa définition du mouvement qu'il faut se tourner pour trouver une réponse à cette difficulté : le mouvement, dit Aristote, est « l'entéléchie de l'être en puissance en tant que tel » (*Phys.* III 1, 201a10-11).

Cette expression (qui a tant suscité les moqueries, par exemple de Descartes) a d'abord l'intérêt de reporter la définition du mouvement sur le mobile. Le mouvement n'existe pas en tant que tel, en dehors d'un être en mouvement. Elle mobilise en outre la distinction centrale entre acte (ou entéléchie) et puissance. Le terme entéléchie ne peut signifier ici l'acte au sens plein et achevé – au sens, par exemple, où vous êtes actuellement en train d'exercer votre capacité à lire en lisant ceci. C'est ce que montrent les autres expressions par lesquelles Aristote définit le mouvement comme « acte inachevé » (*Phys.* III 2) ou « entéléchie inachevée du mobile » (*Phys.* VIII 5). L'insistance sur l'inachèvement indique que le mouvement doit être compris comme l'actualisation progressive de ce que le mobile est en puissance – au sens, par exemple, où l'apprentissage de la lecture actualise une capacité que l'être humain possède en tant qu'être humain, non pas simplement la capacité à lire (sans quoi Aristote n'insisterait pas sur la puissance en ajoutant « en tant que tel », c'est-à-dire « en tant qu'il est en puissance »), mais, plus directement, la capacité *d'apprendre* à lire. Si le mouvement n'est pas un acte achevé (le fait de savoir lire ou la maison une fois construite), il reste qu'il est bien quelque chose qui se produit effectivement et mérite, à ce titre, le nom d'entéléchie. Il est ainsi l'actualisation d'une possibilité de mouvement, celle-là même qui est réglée par notre nature.

Le mouvement est donc à mi-chemin entre la pure potentialité et l'acte achevé, et c'est ainsi qu'Aristote peut en penser l'essentielle continuité. Tant que le mouvement dure, il est inachevé et son extension temporelle est à la mesure de cet inachèvement : apprendre à lire, c'est, très

exactement, ne pas encore savoir lire et cet apprentissage
se prolonge jusqu'à ce que je sache effectivement lire.
Pas plus qu'une ligne n'est composée de points posés
les uns à côté des autres, cet apprentissage n'est pas
une succession de petits « segments de mouvements »
(ce qu'en *Phys.* VI 1 et 10, Aristote nomme *kinèma*,
par distinction de *kinèsis*, le terme qui signifie
« mouvement » et dont le suffixe peut dire le processus
en train de se dérouler, comme notre suffixe français
'-tion'). Le mouvement est certainement divisible, en
ce que je peux, par la pensée, délimiter une étape dans
mon apprentissage, ou bien un moment particulièrement
difficile dans une course cycliste. Mais il n'est pas divisé
en acte, ni composé de parties indivisibles en acte. La
physique aristotélicienne se construit ainsi comme une
physique des processus, plutôt que des événements.

Le cosmos

Cette conception continuiste du mouvement a des
effets sur la représentation qu'Aristote se forge de
l'univers. Si le mouvement est essentiellement continu,
c'est que, pris globalement, il ne saurait avoir commencé,
ni ne saurait finir un jour. L'affirmation de la continuité
du mouvement a pour corollaire celle de son éternité.
Tout mouvement suppose, de fait, un moteur antérieur,
de même que tout effet requiert une cause. L'idée
d'un mouvement premier dans la série temporelle des
changements et des mouvements est donc absurde. Pour
qu'il y ait mouvement, il faut un moteur et un mobile.
S'il existait un mouvement premier, il faudrait d'abord
que le moteur et le mobile aient été engendrés (ce qui
suppose donc un changement antérieur); ou alors il
faudrait supposer que ce moteur et ce mobile aient

existé antérieurement sans avoir été engendrés, et ce, séparément, sans le contact suffisant pour déclencher le prétendu premier mouvement (comme une flamme et un morceau de papier trop éloignés pour qu'ait lieu la combustion). Mais on devra alors, à nouveau, supposer un mouvement antérieur, à savoir leur mise en contact. Quel que soit le mouvement que l'on considère comme premier dans la série temporelle des mouvements, il faudra toujours poser un mouvement antérieur, et ce, à l'infini (*Phys.* VIII 1). Plus généralement, puisqu'il ne saurait y avoir de temps sans mouvement, l'idée d'un mouvement pré-temporel est absurde.

Le même raisonnement peut être appliqué à l'idée d'un « dernier mouvement », mais il importe à Aristote de concentrer ses forces sur l'idée d'un « premier mouvement », en raison de sa lecture du *Timée* de Platon. Selon Aristote, Platon y soutiendrait que le monde a été engendré par le démiurge, au sens propre et non métaphorique. D'accord avec Platon pour dire que le cosmos est incorruptible, Aristote considère en revanche qu'il doit aussi ne pas avoir été engendré (*DC* I 10-12). Le monde est donc éternel. Par là, Aristote met fin aux physiques cosmogoniques : la science de la nature n'est plus le récit du commencement du monde.

Mais, à ce stade, on peut encore imaginer le cosmos d'Aristote comme une suite de mouvements particuliers et finis, s'enchaînant les uns les autres (par exemple, la chaîne infinie de la génération des êtres humains, dont la vie est temporellement limitée). Aristote considère toutefois qu'il doit exister un mouvement qui soit, en lui-même, éternel, afin de garantir l'éternité globale des mouvements particuliers. Ce mouvement doit être circulaire, puisque c'est l'espèce de mouvement la plus uniforme, la plus susceptible d'être continue et éternelle, donc la plus parfaite (*DC* I 2-4 et II 4 ; *Phys.* VIII 8-9). Cette prémisse, qu'Aristote reprend aux astronomes, de la perfection du mouvement circulaire et de la forme sphérique est, comme l'ont noté nombre de commentateurs, idéologique ou, du moins, *a priori* ; elle viendra durablement compliquer le travail des astronomes ultérieurs, qui auront bien du mal à modéliser un mouvement astral en réalité elliptique.

Ce mobile éternel, ou « premier mû », est le premier ciel, c'est-à-dire la sphère des étoiles fixes. Aristote tire ici profit des recherches de l'astronome Eudoxe de Cnide (408-355), qui a, durant un temps, fréquenté l'Académie. Selon Eudoxe, l'univers a pour centre la terre et pour limite une sphère sur laquelle sont disposées les étoiles, et dont le mouvement se fait d'est en ouest, autour de l'axe de la terre. Au-delà de cette ultime sphère, il n'y a, selon Aristote, strictement rien, pas même de vide. L'univers est donc un corps fini. Pour la pensée grecque qui associe l'infini à l'illimité et à la démesure, le fait que l'univers soit délimité est un signe de sa perfection. Mais, en son sein, le monde est coupé en deux régions que la tradition a pris l'habitude d'appeler « supralunaire » (région des astres) et « sublunaire », pour dire que l'orbite de la lune marque leur frontière.

Dans le supralunaire, les mouvements sont réguliers et circulaires. Ils peuvent être modélisés par les outils issus des mathématiques et notamment de la géométrie que nous nommons euclidienne. Ce sont là les mouvements de la sphère des fixes, mais aussi des planètes (qui ne sont donc pas « errantes » contrairement à ce que suggère l'étymologie du nom) et du soleil et de la lune. Dans le sublunaire, les mouvements sont certes eux aussi réglés (sans quoi il n'y aurait pas de science physique), mais affectés par la contingence, si bien que la seule nécessité à laquelle ils peuvent prétendre est celle de ce qui se produit « dans la plupart des cas ».

Une autre différence sépare les deux régions et vient fonder celle-là : le sublunaire contient des corps composés de ce qu'on appelle les quatre éléments (terre, eau, air, feu); le supralunaire n'est composé que d'éther (*DC* I 2). L'éther n'est pas à proprement parler un cinquième élément ou, comme il sera ensuite nommé, une « quinte essence », puisqu'il ne s'ajoute pas aux quatre éléments du sublunaire et qu'Aristote préfère en parler comme du « premier » élément. Il est nécessaire de poser qu'il existe afin de rendre raison du mouvement simple et circulaire des astres. Parce que le mouvement des astres est naturel et simple, il doit être expliqué par un seul élément et ne peut donc pas l'être par les quatre éléments traditionnels (*DC* I 2). Aristote emprunte cette notion d'éther à la tradition (Hésiode en parle déjà), qui désigne par là une substance lumineuse, céleste et divine. Cet élément subtil et mobile est en effet propice au mouvement circulaire. On voit ici comment l'argumentation aristotélicienne convoque très peu de prémisses empiriques (tout au plus celle de la régularité des mouvements stellaires, par exemple) et se construit comme une modélisation rationnelle de ce qui doit être le cas dans une région supralunaire difficilement observable.

Les quatre éléments sublunaires sont, quant à eux, affectés de mouvements rectilignes et, parce qu'ils sont multiples, ils rendent raison des multiples mouvements de la nature sublunaire. Le feu élémentaire, par exemple – comme notre feu commun, si rien ne l'entrave – se dirige vers le haut. La terre, elle, se meut naturellement vers le bas. C'est par ce qu'on appelle sa théorie des « lieux naturels » qu'Aristote explique la chute des corps. À la différence de l'espace homogène de la physique moderne, l'espace aristotélicien est qualitativement orienté : il y a, dans l'univers, un haut absolu (la sphère des fixes) et un bas absolu (la Terre qui est au centre). Cette partition se retrouve dans la distinction, au sein des corps, entre ceux qui sont pesants et ceux qui sont légers. Si les éléments ne se meuvent pas d'eux-mêmes comme les êtres vivants, il y a toutefois en eux une disposition passive à rejoindre leur lieu naturel (*Phys.* VIII 4 ; *DC* IV 3). Par extension, tous les corps composés majoritairement de terre ont pour mouvement naturel, quand rien n'y fait obstacle, la trajectoire vers le bas.

Dans ses textes, Aristote semble souvent prendre ses distances avec l'appellation d'éléments : c'est que, pour lui, ces « prétendus éléments » ne sont pas si simples ou si élémentaires (*GC* II 2-3). De fait, chacun est en réalité constitué de deux propriétés. Le feu est sec et chaud (et donc absolument léger), l'air est chaud et humide, l'eau froide et humide, la terre froide et sèche (et donc absolument lourde). Cette apparente complication est en réalité pour Aristote un moyen ingénieux de respecter le principe d'économie de sa physique. Dédoubler les traditionnels « éléments » permet de montrer comment leurs qualités respectives jouent les unes par rapport aux autres pour rendre possible l'engendrement réciproque des éléments. En effet, le feu devient de l'air quand sa chaleur sèche devient humide, l'air devient de l'eau quand sa chaleur humide se refroidit, etc. (*GC* II 4). Aristote s'assure ainsi qu'au niveau sublunaire, tous les corps sont ultimement composés de ces quatre éléments,

lesquels peuvent être appelés principes en ce que leur
génération réciproque n'exige pas de cause antérieure et
bloque la régression à l'infini.

Entre les régions sublunaire et supralunaire, il
n'y a alors pas tant coupure qu'articulation. D'une
part, Aristote considère cette génération cyclique et
réciproque des éléments comme une image imparfaite
du déplacement circulaire du premier ciel (*GC* II 10).
C'est, d'autre part, le mouvement régulier des astres, et
notamment celui du soleil, qui cause le cycle des saisons,
donc également celui de la génération des êtres vivants
(*GC* II 10-11). Aussi arrive-t-il à Aristote de prolonger le
slogan « un être humain engendre un être humain » en
ajoutant « et le soleil aussi ». Si l'univers aristotélicien
comprend des mouvements imparfaits, des existences
éphémères, des accidents contingents, il demeure ainsi
globalement parfait.

Mais cette distinction des deux régions est une
première manière de souligner la pluralité qui affecte
l'univers aristotélicien. L'erreur de Parménide est de ne
pas avoir vu la spécificité des êtres sublunaires et d'avoir
fait comme si l'univers n'était composé que d'êtres
éternels et nécessaires, sans génération ni corruption
(*DC* III 1). Contre Parménide et pour fonder une science
physique, il faut distinguer le sublunaire du supralunaire,
et reconnaître que la région sublunaire est le lieu par
excellence de la génération et du devenir. Plus encore :
non content de séparer être et non-être, en réputant pour
illusoire le devenir, Parménide a également identifié l'être
et l'un, au point de nier la multiplicité réelle des individus
(*Met.* N 2). La science physique est le lieu par excellence
où Aristote combat cette vision d'une unité absolue

de la réalité (*Phys.* I 3). Le monde aristotélicien est irréductiblement pluriel : à la distinction du supralunaire et du sublunaire, il faut ajouter, comme on va le voir, la pluralité des types d'âmes et donc des êtres vivants.

Les vivants

Les animaux et les végétaux illustrent au mieux la définition de l'être naturel comme ce qui possède en soi son principe de mouvement. Chez eux, ce principe se nomme « âme ». Aristote comprend l'âme comme ce en vertu de quoi les êtres vivants sont vivants, ou comme la vie-même des corps vivants. L'âme est ainsi le nom donné au principe naturel des capacités et activités caractéristiques du vivant. Du fait de l'irréductible diversité des êtres vivants, toutefois, Aristote se refuse à donner une « définition » en bonne et due forme de l'âme.

En bonne théorie aristotélicienne, une définition est un énoncé délivrant le genre de l'objet à définir, d'une part, et sa différence spécifique, d'autre part. Par différence spécifique, il faut entendre cet ou ces éléments de la définition qui viennent diviser le genre en espèces distinctes. Par exemple, la définition du chien pourrait être « animal quadrupède capable d'aboyer », « quadrupède » et « capable d'aboyer » venant subdiviser le genre pour distinguer ce qui fait la spécificité de l'espèce canine. Les membres qui appartiennent à un même genre partagent donc tous en commun et à égalité une partie de leur définition (à savoir, justement, ce genre). Ainsi les animaux forment-ils un genre, qui s'articule en différentes espèces, mais le chien et le bœuf ont tous en commun d'être des animaux, et le chien n'est pas plus ou pas moins un animal que le bœuf. En revanche, la différence spécifique ou la combinaison de différences propres à l'espèce doivent être strictement coextensives à l'espèce définie. Si les bœufs étaient capables d'aboyer, alors ou bien « capable d'aboyer » ne devrait pas être retenu dans la définition des canidés ; ou bien il faudrait admettre que les bœufs et les chiens ne forment qu'une seule espèce animale.

Par conséquent, si tous les êtres animés formaient un genre au sens strict, alors ils devraient partager une âme de même sorte et être spécifiés par des différences qui seraient strictement propres à chacune de leurs espèces respectives. Or les végétaux sont caractérisés par leur capacité à se nourrir, à croître et à se reproduire (*DA* II 4). Mais ces fonctions se retrouvent aussi chez les animaux. Seulement, ces derniers ont en outre la capacité à percevoir ou encore à se mouvoir localement. Aristote considère donc que les êtres animés forment non pas un genre, mais une « série d'antérieurs et de postérieurs » (*DA* II 3). Il faut comprendre par là, d'une part que l'on peut distinguer des niveaux dans la série des différentes âmes, d'autre part qu'il n'est pas possible, dans cette série, d'être doté d'une âme d'un niveau postérieur sans être aussi doté de l'âme de niveau antérieur. Un animal possède les mêmes capacités qu'un végétal, à quoi s'ajoutent les capacités de se mouvoir et de percevoir, à la façon dont un carré est un triangle avec un côté supplémentaire, ou le pentagone, un carré avec un côté supplémentaire, etc. De même, dit Aristote, que le carré contient en puissance le triangle en lequel on pourrait le diviser, l'âme de l'animal intègre l'âme antérieure (l'âme végétative) en lui adjoignant d'autres puissances. Un animal est donc une forme de vie plus complexe que celle du végétal.

L'enjeu de cette discussion subtile est qu'elle sauve la différence réelle qui sépare un rosier d'un chien, sans tomber dans l'erreur qui en ferait deux espèces d'un même genre. Les animaux ne sont pas une sous-espèce des végétaux et il n'existe pas non plus de genre global commun aux animaux et aux végétaux. Si les végétaux étaient une espèce du genre des êtres animés, ils devraient posséder une différence spécifique, une capacité qui leur serait réservée et les séparerait des animaux, ce qui n'est pas le cas, puisque les animaux possèdent exactement les mêmes capacités. La thèse aristotélicienne permet donc de maintenir une continuité dans le vivant, tout en se dotant des outils théoriques pour en distinguer de grands types. Ce modèle théorique a au surplus l'avantage de préserver l'unité interne de chaque sorte de vivant, puisqu'il y a intégration de l'âme antérieure dans l'âme postérieure. Un animal ne possède pas deux âmes qui seraient d'un côté une âme végétative (capacités de se nourrir, croître et se reproduire), et de l'autre une âme animale (capacités de se mouvoir localement et de sentir). C'est son âme animale tout entière qui intègre ces différentes puissances.

Si Aristote refuse de donner une définition de l'âme, il donne néanmoins une description de ses grands traits. Comme on le voit, une âme constitue un bouquet de capacités déterminées. Un vivant est un être *capable* – de se nourrir, de se mouvoir, etc. L'âme désigne ce par quoi un certain corps possède ces capacités. Aristote suit donc Platon pour opérer une distinction entre corps et âme, qui sont des réalités d'ordres distincts. Pour autant, on ne peut pas qualifier la position aristotélicienne de « dualisme fort » et c'est ce qui intéresse encore la philosophie contemporaine dans la thèse du *De l'Âme* (comme dans les travaux de W. Jaworski, par exemple *Structure and the Metaphysics of Mind*, 2016).

Aristote refuse de séparer corps et âme : l'âme, dit-il, est « quelque chose du corps » (*DA* II 2, 414a21). On verra plus loin les raisons métaphysiques qui président à cette thèse. Mais disons d'emblée que cette thèse a à voir avec la conception d'Aristote des rapports entre forme et matière, ce qu'on appelle son « hylémorphisme ». Le corps, en effet, est la matière du vivant – non pas que n'importe quel corps pourrait devenir vivant si, comme des Dr Frankenstein, nous étions capables d'y introduire une âme. Aristote précise : le corps capable de prendre la vie doit être « organique », c'est-à-dire doté d'organes et capable de servir d'instrument (ce qui se dit « *organon* » en grec) pour l'âme. Le corps vivant est donc un corps complexe, tandis que le feu, par exemple, qui est constitué d'une matière simple, ne saurait prendre vie. L'âme, de son côté, est la forme de ce corps capable de vivre. Elle est son essence. Pas plus que cela n'a de sens de séparer un objet de l'essence qui fait de lui ce qu'il est, cela n'en a de séparer l'âme du corps. Dans les textes que nous avons conservés, Aristote ne se prononce jamais très clairement sur l'immortalité de l'âme et semble toujours repousser cette question. Mais, en toute logique, sa thèse devrait le conduire à soutenir que l'âme est mortelle et c'est d'ailleurs ainsi que le comprendront certains aristotéliciens, comme Alexandre d'Aphrodise.

Cette première analyse en termes de matière et de forme est ensuite affinée. On pourrait aussi dire que l'âme est ce qui réalise ou « actualise » la vie que le corps vivant possède en puissance (*DA* II 1). Elle est ainsi « l'entéléchie première » d'un tel corps. Par « entéléchie première », il faut entendre exactement ce qu'on a dit plus haut, à savoir qu'elle est ce par quoi le corps possède certaines capacités. L'entéléchie première désigne une capacité acquise, qui peut être effectivement réalisée ou non, alors que l'entéléchie seconde désigne la réalisation effective de cette capacité déterminée (*DA* II 5). Aristote opère une analogie entre l'âme et un savoir ou une compétence acquise, par exemple le fait de savoir lire. Savoir lire, c'est pouvoir, face à un texte, en déchiffrer le sens ; de même, l'âme est ce par quoi un corps *peut* se nourrir ou sentir. L'entéléchie première se trouve ainsi à mi-chemin entre la simple capacité ou pure puissance (je suis capable d'apprendre à lire, mais ne sais pas encore lire) et l'acte au sens plein (je suis en train de lire). Or ce n'est pas parce que je sais lire (entéléchie première) que je suis tout le temps en train de lire (entéléchie seconde). De même, un animal n'est pas constamment en train de percevoir ou de se reproduire : à preuve, il peut dormir et, pourtant, il est alors toujours vivant. L'âme est un bouquet de capacités déterminées du corps vivant. Aristote se fraye ainsi une troisième voie entre une position matérialiste ou réductionniste (qui verrait dans les processus psychiques des réalités purement corporelles ou matérielles) et un dualisme fort.

Les animaux

Parmi les vivants, c'est sur les animaux qu'Aristote a concentré la majeure partie de ses travaux en physique, comme le montre déjà son traité *De l'Âme*, qui s'étend bien plus sur l'âme animale, que sur les végétaux ou l'intellect humain. Mais le Stagirite ne s'est pas cantonné à cette approche générale et s'est notamment penché sur les fonctions des différents organes des animaux, sur les modes et les processus de la reproduction animale, ou encore sur la classification des animaux. Ces enquêtes pointues sont autant de mises en œuvre de la méthodologie scientifique d'Aristote, et des lieux pour construire et tester deux grandes thèses de la physique, à savoir son hylémorphisme et son finalisme. C'est, de fait, par la présence de l'âme dans les animaux et de la finalité naturelle qu'Aristote justifie l'intérêt de l'étude des animaux, même « les plus ignobles » (*PA* I 5).

Le travail d'explication scientifique se concentre toutefois moins sur les animaux eux-mêmes que sur leurs parties (leurs organes) et leurs fonctions, associant une matière et son « ce-en-vue-de-quoi ». Par exemple, on n'observe pas de cou chez les animaux qui ne sont pas dotés de poumons, parce que la fonction du cou est de faire une place au larynx en vue de la respiration (*PA* III 3). De même, la possession des mains ne définit pas l'humanité de l'homme, parce que c'est la fonction qui rend raison de l'organe, et non pas l'organe qui crée la fonction (*PA* IV 10). L'explication physique doit aller du supérieur (la fonction) vers l'inférieur (l'organe ou sa matière). La finalité d'un organe, en effet, détermine non seulement sa présence (avoir un cou ou non, des mains ou non), mais aussi son organisation et ses caractéristiques matérielles : l'animal en mouvement, par exemple, subit une flexion ; sa colonne vertébrale doit donc être à la fois continue et composée de plusieurs vertèbres, pour permettre cette flexion (*PA* II 9). De même, l'homme possède la langue la plus déliée, la plus molle et, proportionnellement, la plus large du règne animal, pour percevoir au maximum les saveurs et pour parler (*PA* II 17). Expliquer, ici, c'est montrer comment des moyens servent une certaine fin. La nature est un système globalement bien organisé et c'est au physicien d'en rendre raison. Se passer de la cause finale – en se focalisant uniquement sur les composants matériels, à la manière des anciens physiciens comme Empédocle (*Phys.* II 8 ; *PA* I 1) – reviendrait à rendre impossible toute explication du fonctionnement de cette organisation.

Toutefois, lorsque Aristote clame que « la nature ne fait rien en vain » ou qu'elle ne fait « rien de superflu » (par exemple *PA* III l, 661b23-24), il ne cherche pas à faire de la Nature une divinité providentielle qui suivrait un plan conscient. Mais, même avec cette mise en garde, le finalisme aristotélicien peut encore apparaître comme fort mystérieux et n'a pas manqué, au cours de l'histoire, d'être critiqué (peut-être déjà, même, par Théophraste, jusqu'à, plus sûrement, la révolution scientifique de la modernité, et par Kant). Le problème tient plus généralement à l'idée de cause finale, car si l'on dira volontiers qu'on pratique la natation pour rester en bonne santé, il paraît plus difficile de soutenir que la santé est *cause* de ma pratique de la natation, puisque, par définition, cette santé à venir n'existe pas encore. Telle est pourtant la thèse aristotélicienne. Dans le cas des activités humaines, on peut comprendre que c'est mon projet qui est cause. Ma conception de la santé préside en effet à la décision de pratiquer la natation. Mais, on l'a dit, Aristote ne divinise pas la nature et si, à l'occasion, il la compare à un « bon maître de maison » (*GA* II 6), il ne s'agit bien que d'une analogie. La nature est organisée, parce que finalisée, mais elle n'a pas de dessein intelligent. Il faut alors comprendre le finalisme comme le fait que les êtres vivants et leurs parties sont naturellement programmés pour réaliser ce qui leur est essentiellement profitable, ce qui leur permet de survivre. La finalité ne désigne en effet pas n'importe quel terme d'un processus (la mort, par exemple, est un terme, mais pas un « ce-en-vue-de-quoi »), mais ce qui est bénéfique aux êtres naturels ou les organismes, c'est-à-dire, fondamentalement, ce qui leur permet de survivre en tant qu'espèce. La fin, c'est le bien (*Phys.* II 3).

C'est ce qu'entend Aristote, quand il affirme, d'une part, que la génération est *en vue de* l'être (*PA* I 1 ; *GA* V 1), d'autre part que l'essence et le « ce en vue de quoi » sont identiques (*Phys.* II 7). Tous les êtres naturels ont à devenir ce qu'ils sont, et devenir, c'est s'acheminer vers ce qu'on a à être. Dans un univers éternel, les espèces animales sont, de fait, éternelles – c'est ce qu'on appelle le « fixisme » d'Aristote, auquel s'opposera Darwin. La nature interne aux animaux désigne précisément ce code initial qui définit ce qu'ils sont et détermine leur devenir. Aristote peut ainsi se passer d'une Nature divinisée et transcendante qui présiderait au devenir de chaque chose, tout en affirmant la réalité de la finalité comme cause.

Il reste toutefois problématique pour les spécialistes de déterminer jusqu'où Aristote accepte de parler de finalité dans la nature. Qu'il pleuve davantage en hiver est naturel, et cette pluie est bénéfique aux agriculteurs en faisant croître le blé (*Phys.* II 8). Mais peut-on aller jusqu'à dire que la pluie tombe *pour* faire croître le blé ? Le texte de *Phys.* II 8 n'est pas totalement clair et sa lecture est parasitée par d'autres passages qui semblent étendre la finalité à n'importe quel phénomène naturel (par exemple *GC* II 10 ou *Met.* Λ 10). Toutefois, Aristote présente ailleurs des limites plus explicites à ce finalisme. Un exemple célèbre est celui des bois du cerf : leurs bois sont des cornes trop développées pour remplir quelque fonction que ce soit et même, elles les embarrassent plus qu'elles ne leur servent. À preuve, non seulement les bois tombent, mais en outre la nature a déjà fourni aux cerfs un moyen de défense, à savoir la vitesse. La présence des bois est en réalité causée par un excès de l'élément terreux dans leur corps. L'explication de la présence des bois ne se fait alors pas d'après « la nature selon la raison » (c'est-à-dire selon la fin), mais d'après « la nature nécessaire » (*PA* III 2). Autrement dit, il ne s'agit plus ici d'explication téléologique, mais d'une explication relevant d'une nécessité matérielle : il est nécessaire que les cerfs aient des bois, mais non pas pour servir une fonction. La perfection que réalise la nature finalisée n'est pas absolue : elle dépend d'un donné, celui de la matière, et il arrive que, pour répondre aux nécessités de la matière (ici une trop grande quantité de terre), la nature produise des réalités (ici les bois) dépourvues de fonction.

Aristote peut donc fustiger aussi bien ceux qui ignorent la cause finale que ceux qui la cherchent trop constamment. Chercher à tout prix une fonction à la bile, par exemple, est une erreur (*PA* IV 2) : elle n'est qu'un « résidu ». Cela ne signifie pas qu'on ne puisse pas mener une enquête à son sujet – par exemple, en se demandant pourquoi les animaux dépourvus de bile vivent plus longtemps. Mais cela ne revient pas à rechercher un « ce-en-vue-de-quoi » pour la bile. Le cas est plus clair encore avec les yeux : posséder des yeux relève d'une nécessité essentielle et finalisée ; mais avoir les yeux bleus relève seulement d'une nécessité matérielle (*GA* V 1). L'enquête physique n'est donc pas cantonnée à la seule recherche de la fonction, à la seule enquête téléologique. Si Aristote peut éviter les deux excès mentionnés (ignorer la finalité ; s'y restreindre), c'est précisément en raison de son pluralisme causal : l'absence de finalité ne met pas un terme à la quête d'explication : il suffit de passer à un autre régime causal.

On comprend mieux pourquoi Aristote considère que le physicien doit recourir à toutes les causes pour mener à bien son enquête, puisqu'il étudie des objets matériels et en mouvement vers une fin. Cette conjugaison des nécessités (celle de la finalité, celle de la matière) lui est d'ailleurs propre : le physicien n'étudie pas les animaux comme le mathématicien étudie les astres (*PA* I 1). Mais en insistant avant tout sur la cause finale et en affirmant que le devenir est en vue de l'être, la physique se révèle comme une science de plein droit, tout aussi digne que l'étude des astres. Plus, même : parce que nous avons un meilleur accès aux animaux qu'aux astres, nous acquerrons davantage de savoir en étudiant les premiers (*PA* I 5). Aristote peut à bon droit considérer qu'il a levé l'interdit parménidien contre une science de la nature, en ce qu'il a montré qu'il ne fallait pas séparer catégoriquement l'être du devenir. Que la génération soit en vue de l'être signifie aussi que devenir, c'est, comme on traduit parfois le verbe grec *gignesthai*, « venir à être ».

PLURALITÉ DES SENS DE L'ÊTRE

La philosophie première et la critique des Idées

Au cours de ses traités physiques, il arrive plusieurs fois à Aristote de renvoyer l'examen de certaines questions à une « autre philosophie », une « philosophie antérieure » à la physique, ou « philosophie première ». Cette science, que la tradition nommera « métaphysique », se voit impartir, pêle-mêle, l'étude : du principe formel (*Phys.* I 9), du séparable (*Phys.* II 1), des êtres inengendrés et immobiles (*DC* III 1), du principe immobile (*GC* I 3), du premier mû toujours mû (*DMA* 6)… L'on se rappelle qu'en bonne épistémologie aristotélicienne, il n'y a pas de science totale et qu'il ne saurait exister de science que cantonnée à un certain genre-objet. Ce geste de renvoi, en excluant certains objets ou certaines enquêtes du champ de la physique, contribue donc à asseoir la scientificité de la physique. Il s'agit bien, pour Aristote, de refuser le projet présocratique d'une physique qui soit science de toutes choses (*Met.* Γ 2). Dans les traités physiques, la référence à la philosophie première sert ainsi, positivement, à délimiter ce que peut étudier la science de la nature.

Ce geste de renvoi ne consiste pas pour autant à cacher la poussière sous le tapis, comme si Aristote, tout occupé à refonder la scientificité de la physique, reléguait simplement des résidus hors-sujet pour la physique, en faisant de la philosophie première un pot-pourri. Le projet d'une philosophie première est tout autant assumé par le Stagirite et plusieurs indices suggèrent sa conscience de devoir reprendre à nouveaux frais ce projet pour en clarifier la nature. Il y a, dans le slogan de *Met.* Γ 1, « il existe une science qui étudie l'être en tant qu'être… » (1003a21), quelque chose comme une décision et une proclamation, qui laissent entendre qu'à la différence de la physique, l'existence même de cette science demande à être établie. Ailleurs, elle se présente comme une science « recherchée » (*Met.* A 2, 982a4 ; B 2, 995a24), ce qui n'est jamais le cas pour la physique. Alors qu'Aristote n'hésite pas à qualifier certains de ses devanciers de « physiciens », il ne parle pas de Platon ou de Parménide comme de « philosophes premiers ».

Ce projet d'une science première n'est pourtant pas entièrement neuf : il prend naissance chez Platon et dans l'Académie. Aristote s'efforce de stabiliser et de délimiter un champ scientifique propre à accueillir des discussions ayant cours dans son premier cercle philosophique. Ce n'est pas un hasard si la philosophie première est le lieu par excellence de la discussion des thèses platoniciennes. Le fait se perçoit bien dans les *Éthiques*, quand Aristote s'interroge sur l'existence d'une Idée du Bien, mais repousse le traitement de cette question à une « autre » philosophie, *i.e.* la métaphysique (*EN* I 4 ; *EE* I 8). Le fait se perçoit aussi dans les passages mentionnés des traités physiques : quand *Phys.* I 9 attribue à la philosophie première l'étude du « principe formel », l'expression peut se comprendre comme un condensé de la question de savoir en quel sens la forme peut être principe – faisant donc allusion aux Formes (*eidè*) ou Idées (*ideai*) de Platon. Le passage sur le séparable (*Phys.* II 2) peut être lu dans cette même veine, puisque les critiques vont se concentrer sur la « séparation » des Idées.

Cette tâche critique incombe donc à la philosophie première. On a vu précédemment quelques-uns des arguments aristotéliciens contre l'idée d'une science totale, par quoi était visée la dialectique platonicienne. Plus fondamentalement, Aristote s'attaque aussi aux objets de cette dialectique, à savoir les Idées. Ces dernières sont déjà un vif sujet de débat au sein de l'Académie : le *Parménide* de Platon constitue un écho de ces discussions, et Speusippe, neveu de Platon, qui dirigera l'Académie à la mort de ce dernier, passe pour en avoir tout bonnement nié l'existence. Les critiques d'Aristote s'inscrivent dans ce contexte brûlant.

Aristote interprète les Idées ou Formes platoniciennes comme des réalités non-sensibles, universelles, qui existent substantiellement par elles-mêmes : l'Égal en soi, le Beau en soi, etc. Ce sont des objets accessibles à la pensée humaine, mais leur existence n'en dépend pas. Ces objets intelligibles sont des essences, c'est-à-dire qu'ils correspondent à ce que nous énonçons quand nous définissons en vérité telle ou telle propriété (l'égalité, la beauté, etc.). Les Idées sont donc aussi ce que deux objets sensibles ont en commun quand on leur applique le même nom. Les objets sensibles sont dotés de telle propriété en vertu d'une relation aux Idées que Platon appelle la « participation » : une chose est belle si et seulement si elle participe de l'Idée du Beau en soi. Les Idées sont les causes éternelles par lesquelles un sensible x possède la propriété d'être x – en prenant au sens large le terme de propriété, qui va de la beauté jusqu'au fait d'être un chien ou un homme.

(Je laisse ici de côté la question de savoir si Aristote a raison d'attribuer une telle conception à Platon – une question compliquée par le fait qu'Aristote, lui, a directement fréquenté Platon et qu'il ne se fonde sans doute pas seulement sur les écrits de son maître. Un courant d'interprétation, au XXᵉ siècle, a même fait l'hypothèse qu'Aristote avait eu accès à des « Doctrines non-écrites » de Platon, comprises comme un enseignement ésotérique réservé à des *happy few* et qui fournirait la clef d'interprétation des écrits de Platon, ce qui expliquerait pourquoi nous ne retrouvons pas exactement, dans les Dialogues platoniciens, les doctrines visées par Aristote en *Met.* A, M ou N.)

Aristote soulève maintes objections contre les Idées, qui se laissent résumer en deux grands axes : les arguments en faveur de l'existence des Idées sont faibles, voire contradictoires ; les Idées, même si elles existaient, seraient inutiles (*Met.* A 9 et M 4-5). De façon générale, poser des Idées séparées, conçues comme des modèles des choses sensibles, relève d'une mauvaise « métaphore poétique » (A 9, 991a22), qui redouble inutilement le réel et ne respecte pas le principe d'économie qui doit guider toute pensée rationnelle (ce qu'on appellera plus tard le « rasoir d'Ockham »).

Mais Aristote se place en outre à l'intérieur même de cette doctrine – au point parfois de l'endosser à la première personne en disant « nous qui posons les Idées », peut-être aussi parce qu'il s'adresse directement à ses collègues de l'Académie. Même en acceptant cette prolifération d'êtres, les Idées ne peuvent remplir le rôle pour lequel on a posé qu'elles existent. Séparées des sensibles, elles ne peuvent assumer aucun type de causalité à leur égard. Dans la critique de la séparation, ce qui se joue est la conception de ce que doit être une essence. Les Formes platoniciennes sont « séparées » parce qu'elles ne sont pas des essences de tel objet sensible, par exemple de Socrate, mais de l'humanité elle-même. Autrement dit, pour un objet sensible x^f (une chose belle, un homme), la Forme F n'est pas l'essence de x^f, mais celle de f (la beauté, l'humanité). La Forme n'est pas l'être d'autre chose que d'elle-même. Lorsqu'au contraire Aristote dit que la forme est « dans » l'objet sensible, il veut faire de la forme l'essence de *cet* objet. Le fond de la critique adressée à Platon consiste ainsi à poser que toute essence est essence de... : la notion même de « forme en soi », d'une forme qui ne serait pas forme de... (tel objet), est, pour Aristote, une absurdité.

La violence des critiques adressées à Platon doit donc être nuancée, puisqu'elle a pour toile de fond un accord plus fondamental quant à la nécessité de poser des essences pour pouvoir définir les choses sensibles (*Met.* A 6). Cependant, la critique des Idées ouvre déjà la voie à une vision du monde comme peuplé d'individus porteurs de leur essence, sans le « lieu supracéleste » des Idées platoniciennes. Encore faut-il rendre compte de l'existence de cette pluralité d'individus.

L'être n'est pas un genre

En affirmant l'identité entre Être et Un, Parménide aurait fini par soutenir que la pluralité des êtres est, tout comme leur mouvement, illusoire. Aristote s'inscrit dans la continuité de Platon qui, déjà, avait cherché à réfuter cette unification du réel, notamment dans le *Sophiste*. Mais le Stagirite refuse la solution platonicienne (*Met.* N 2), en particulier au motif que Platon ne peut qu'échouer, parce qu'il continue de penser que l'être est un genre et qu'il a un seul sens (*Phys.* I 3, *Met.* B 4). Le pluralisme aristotélicien se construit à la fois contre le monisme parménidien et contre ce qu'il considère comme un échec du platonisme face à ce monisme.

Rassembler les êtres en un seul genre suppose en effet de soutenir que tous les « êtres » méritent ce nom en raison d'une signification une, de même que tous les animaux appartiennent au genre animal en ce qu'ils partagent des traits essentiels de l'animalité (posséder une âme et être capable de percevoir, par exemple). Dire que l'être est un genre serait donc dire de toutes les choses auxquelles on attribue le terme d'« être », qu'elles « sont », au même sens du verbe « être ». Dans le vocabulaire technique d'Aristote, les membres d'un même genre

sont des « synonymes », c'est-à-dire des choses qui
ont en commun un nom et la définition de ce nom, par
opposition aux choses « homonymes » lesquelles n'ont
en commun qu'un nom qui leur est appliqué en des sens
différents (*Cat.* 1). Ainsi les shar-peïs et les huskys sont-
ils des chiens au même sens du terme. Mais mon chien
Kador et la constellation du Chien sont homonymes,
parce que la constellation n'est pas capable d'aboyer : la
constellation n'est dite « chien » que par homonymie.

Les êtres ne sont pas des synonymes et l'être ne
forme pas un genre. Ce refus est à la fois motivé par des
enjeux ontologiques et logiques. Les espèces d'un genre
donné sont produites par des différences : une espèce est
la conjonction d'un genre et d'une différence, comme,
mettons, [animal + capable d'aboyer] pour le chien.
Sous peine de circularité, ces différences ne peuvent pas
relever du genre qu'elles viennent diviser : « être capable
d'aboyer » n'est pas une sorte d'animal, ni n'est une
propriété de tout animal (*Top.* VI 6). Si donc l'être était
un genre, il devrait être divisé en espèces au moyen de
différences ne relevant pas de ce genre. Les différences
de ce genre hypothétique ne seraient donc pas des êtres.
Or, objecte Aristote, il faut bien que les différences d'un
genre existent (*Met.* B 3, 998b23) ! Derrière cet argument
technique se trouve l'idée que ranger tous les êtres sous
un même genre revient à considérer l'être comme un
Tout informe et indifférencié, aveugle à la pluralité
constitutive du monde.

« L'être est dit en plusieurs sens »

Ainsi Aristote n'affirme-t-il pas seulement qu'il
existe plusieurs sortes d'êtres irréductibles les unes aux
autres, autrement dit qu'il existe des genres d'êtres sans

super-genre au-dessus d'eux. Il pose surtout que, s'il en va ainsi, c'est parce que chacun de ces genres d'êtres « est » en son propre sens du verbe « être ». La conséquence en est que, puisqu'il est dépourvu d'un sens univoque, l'être ne saurait être défini, pas plus qu'il ne saurait constituer une partie de la définition des êtres (comme le genre animal pour les animaux). L'être, résume aussi Aristote, n'est l'essence de rien (*A. Po.* II 7). Cela ne signifie pas que, l'être étant d'une extension indéfinie puisqu'il se dit de toutes les choses qui sont, il soit dépourvu de sens, mais qu'au contraire, il se déploie immédiatement en une pluralité de significations, selon le type d'être dont il est dit. Ce qui est dépourvu de sens, c'est l'idée d'« être en soi », pris en-dehors de cette pluralité ou de tel genre d'être.

On passe alors d'une pluralité ontique (multiplicité des êtres et des sortes d'êtres) à un pluralisme ontologique (pluralité des *sens* de « être »). S'il est déjà suffisant, contre Parménide, de montrer qu'il existe plusieurs choses blanches (*Phys.* I 3), le fond de cette objection, qui peut à bon droit passer pour la thèse centrale de l'aristotélisme, est que : « l'être est dit en plusieurs sens » (*Met.* Γ 2 ; Δ 7 ; E 2 ; Z 1 ; N 2 ; *Phys.* I 2 et 3, etc.). Le terme de pluralisme est opérant pour qualifier la position d'Aristote au sens où, à la différence de la notion de « pluralité » qui dénote un constat, celle de « pluralisme » indique en outre que cette pluralité est de droit, nécessaire et irréductible.

La plurivocité de l'être est certes irréductible – Aristote ne dévie jamais de la thèse négative qui refuse de faire de l'être un genre –, mais elle est toutefois organisée, ordonnée. Si les êtres ne sont pas synonymes, l'être n'est pas, pour autant, un terme homonyme, ou tout du moins homonyme au sens le plus fort : « L'être se dit en plusieurs sens, mais relativement à une unité (*pros hen*) et à une nature unique, non pas de façon homonymique… » (*Met.* Γ 2, 1003a33-34). L'organisation de cette plurivocité se fait en deux temps.

En premier lieu, l'être « se trouve immédiatement comporter des genres » (*Met.* Γ 2, 1004a4-5, où « immédiatement » signifie que ces genres ne sont pas coiffés par un genre supérieur). Ces genres sont les catégories (*katègoriai*), ce qu'Aristote appelle aussi ailleurs « figures de la prédication (*katègorias*) » (*Met.* Δ 7). Les catégories désignent les genres de prédicats (p) possibles dans les propositions de type « S est p ». Lorsqu'il en donne la liste la plus complète (*Top.* I 9 ; *Cat.* 4), Aristote énonce 10 catégories : *ce que c'est*, soit la substance (Socrate est un être humain) ; *combien grand*, soit la quantité (Socrate mesure 1m60) ; *de quelle sorte*, soit la qualité (Socrate est bronzé) ; *par rapport à quoi*, soit le relatif (Socrate est plus petit que Platon) ; *où*, soit le lieu (Socrate est à Athènes) ; *quand*, soit le temps (Socrate est en 400 av. J.-C.) ; *être dans une position* (Socrate est assis) ; *posséder* (Socrate est armé) ; *faire* (Socrate coupe du pain) ; *subir* (Socrate est réchauffé par le soleil). Les catégories sont ainsi les genres ultimes de ce qu'une chose peut être (*A. Po.* I 22).

Un renseignement important fourni par cette liste est que, lorsque Aristote affirme que l'être se dit en plusieurs sens et cite ensuite les catégories, le nom « être » ne désigne pas une chose qui est, un sujet (S), mais l'ensemble des prédicats possibles, ce qu'une chose est (p). L'idée est donc que, dans une proposition prédicative, le genre de p modifie et caractérise le sens de la copule « est ». Quand je dis « Socrate *est* grand », le verbe être n'a pas le même sens que quand je dis

« Socrate *est* un être humain ». Le sens du verbe être dépend intégralement du type de prédicat qu'il rattache à un sujet donné (*DI* 3).

Le deuxième geste venant organiser cette pluralité est la thèse selon laquelle tous les autres sens du verbe être sont relatifs au premier d'entre eux, à savoir la substance (*ousia*). Tous les êtes non-substantiels sont quelque chose de la substance, c'est-à-dire que toutes les déterminations relevant de ce qu'on peut appeler les catégories secondaires (Aristote dit « celles qui suivent la substance » en *Met. Z* 1) se réfèrent à la substance à laquelle elles sont attribuées. Dire que « Socrate est *grand* », c'est référer une quantité à la substance Socrate et à ce qu'il est essentiellement. La prédication de « grand » n'a, de fait, aucun sens en dehors de la substance dont il est prédiqué : il n'existe pas de prédicat « grand » sans une chose qui soit grande. Aristote se prémunit ainsi d'un monde de prédicats flottants, d'un monde comme celui d'*Alice au pays des Merveilles*, dans lequel le sourire du chat de Cheshire peut flotter seul sur un arbre. La substance jouit en effet d'une indépendance d'existence qui fait défaut aux prédicats relevant des catégories secondaires. Naturellement, il n'existe pas de substance qui ne soit ni qualifiée, ni quantifiée, etc. Mais c'est bien la substance, en tant que substrat ou sujet (*hypokeimenon*) de ces déterminations, qui est condition de l'existence des déterminations (*Met. Δ* 11 et *Cat.* 5).

Aristote avance plusieurs arguments en faveur de cette priorité de la substance et la développe en fonction des différents sens de l'adjectif « premier » (*Met. Z* 1). La substance est d'abord antérieure aux autres catégories en un sens chronologique : du point de vue du changement, en effet, Socrate peut être dit chronologiquement antérieur au fait de bronzer ou de grandir. La substance est également antérieure selon l'énoncé (*logos*), au sens où le substrat de divers attributs est logiquement antérieur à ces attributs, en tant qu'il est leur sujet d'attribution. Enfin, la substance est antérieure dans l'ordre de la connaissance : de façon générale, en science, pour connaître au sens premier une chose, la connaissance de ce qu'elle est possède une antériorité sur la connaissance de ses divers attributs.

L'absence d'un genre de l'être et la plurivocité de l'être ne livrent donc pas au philosophe premier un champ d'étude chaotique, ni un divers inconnaissable. L'impossibilité d'une définition de l'être n'empêche pas une enquête scientifique à son sujet, pour autant qu'on s'avise de cette organisation de la pluralité. Sans bénéficier d'une unité synonymique, cette unité entre les catégories, qu'on appelle souvent unité « de référence » ou « focale », est suffisante pour conduire une enquête à leur sujet (*Met.* Γ 2).

Quoique la plurivocité catégoriale soit sans doute celle qui permet de comprendre le plus aisément en quoi l'être se dit en plusieurs sens, elle n'est néanmoins pas la seule pluralité qui affecte l'être. Non seulement l'être est plurivoque, mais il y a plusieurs types de plurivocités. À côté de la plurivocité catégoriale, Aristote indique aussi que l'être peut se dire »par accident », « en puissance ou en acte », « comme vrai » (*Met.* Δ 7; E 2 ; Θ 10).

Cette quadruple plurivocité témoigne de l'attention portée par Aristote à un certain nombre de phénomènes linguistiques et logiques. Les plurivocités des catégories et du « par accident » illustrent la fonction copulative du verbe être, qui opère la synthèse entre un sujet et un prédicat. Les catégories, on l'a vu, dénombrent les types possibles de prédicats et les sens afférents que prend la copule. La distinction par soi – par accident permet de spécifier si le prédicat auquel on a affaire est essentiel ou non. Dire que Socrate a les cheveux blancs n'est pas la même chose que de dire qu'il est un être humain. La distinction de la puissance et de l'acte vient, quant à elle, modaliser le sens du verbe être ; on y revient ci-dessous. L'usage de « être » pour dire que quelque chose est vrai, enfin, dérive d'une authentique fonction linguistique du verbe être, courante dans les langues qui possèdent un tel verbe. Une proposition telle que « Socrate est musicien » emporte avec elle, quand elle est énoncée, une visée de vérité, en sous-entendant que *c'est le cas que* Socrate soit musicien. Cette « nuance de véridicité » ou « fonction véritative » du verbe être, comme le disent les linguistes, est celle qui fonde l'opposition classique dans la langue grecque entre être et paraître, par exemple, ou encore qui explique pourquoi l'adverbe dérivé du verbe être (*ontôs*) signifie « réellement », « vraiment ». On comprend néanmoins pourquoi il peut arriver à Aristote de ne présenter la plurivocité de l'être qu'à travers la pluralité des catégories (par exemple en *Met.* Z 1) : tous les autres sens du verbe être s'appliquent à des propositions prédicatives ou réductibles à des prédications.

Substance, forme et acte

La critique des Formes platoniciennes et la thèse de la plurivocité ordonnée des catégories font toutes deux signe vers la notion de substance (*ousia*). Le terme grec d'*ousia*, qui provient étymologiquement du verbe « être » (*einai*), est déjà utilisé par Platon pour signifier le mode d'être éminent des Idées, mais aussi pour dire l'essence stable et éternelle. La double traduction latine de *ousia*, par *substantia* et *essentia* témoigne de cette ambiguïté constitutive du terme grec, qui conjoint, dans un même concept, existence et essence. Notre français « réalité » s'approche de cette ambiguïté en ce qu'il peut être employé à la fois de façon absolue et avec un complément du nom. Ainsi, lorsqu'Aristote s'engage dans une enquête sur « ce qu'est l'*ousia* » (*Met. Z* 1), on peut l'entendre dans tous les sens de la question « qu'est-ce que la réalité ? ».

Cette question se prend en deux sens : 1) qu'est-ce qui peut légitimement être tenu pour réel ? ; 2) qu'est-ce qui constitue le noyau du réel, la réalité du réel ? L'ambition aristotélicienne consiste ainsi à identifier conjointement des critères de réalité et la cause de la réalité des objets qu'on peut légitimement tenir pour réels. Mais, pour ce faire, il part d'abord de ce qui est communément tenu pour réel par ses prédécesseurs (*Met. Z* 2). La liste se déroule ainsi, depuis les corps sensibles, leurs éléments, jusqu'à des cas plus difficiles comme les limites des corps, les objets mathématiques ou les Idées. C'est avec ces derniers que les problèmes commencent et viennent motiver l'examen : tout le monde ne s'accorde pas sur ce qui est réel, il faut donc en identifier des critères.

Ici encore, Aristote part des opinions antérieures et repère quatre candidats au titre de noyaux du réel : la quiddité, l'universel et le genre, le substrat (*Met. Z* 3). Comme on le voit, cette liste illustre à plein l'ambiguïté d'*ousia*, qui fait osciller la réalité entre essence (les trois premiers) et substance (le quatrième candidat), entre intelligibilité et persistance. Dans cette liste, l'universel et le genre peuvent être rejetés pour les mêmes raisons qui ont conduit Aristote à refuser toute substantialité aux Idées (*Met. Z* 13-16). Le critère du substrat implique, quant à lui, que sera le plus réel ce qui est le plus substrat (*Met.* Z 3). Aristote s'y attarde, sans doute parce qu'il reprend là l'une de ses propres thèses.

Les *Catégories*, en effet, distribuent le double sens d'*ousia* entre des substances premières et secondes. Les substances « premières » sont les individus sujets de la prédication : cette chose-là dont on parle, Socrate ou un cheval, sont réels au sens premier (*Cat.* 5). Leur genre ou leur espèce ne sont substances qu'au sens second, parce qu'ils n'existent que dans la mesure où ils sont attribués à une substance première individuelle. Cette thèse est certainement colorée d'une charge anti-platonicienne, puisque Platon énonce explicitement qu'est *ousia* « ce que chaque chose se trouve précisément être » (*Phédon* 65e). Mais Aristote est encore sensible à l'idée que l'essence d'une chose (qui se dit à travers son genre et son espèce) a une réalité : genres et espèces sont les seuls prédicats à « indiquer la substance première » (*Cat.* 5, 2b31). Seulement, pour lui, le terme de substance ne s'y applique qu'en un second temps, précisément parce que genres et espèces « sont dits » d'une substance première. Ce sont bien les substances premières qui sont présupposées, en tant que sujets ou substrats, par tous les autres prédicats, y compris les genres et les espèces.

Depuis l'Antiquité, les commentateurs se demandent si la théorie des *Catégories* est compatible avec celle soutenue en *Métaphysique* Z. En Z 3, le critère du substrat est finalement considéré comme insuffisant pour déterminer ce qui est *ousia*. Si l'on en reste là, c'est en effet la matière qui sera substance par excellence. Aristote refuse cette position matérialiste, au motif que, quand on parle d'*ousia*, on n'entend pas seulement quelque chose qui persiste et demeure, mais aussi quelque chose qui est « séparé et un ceci » (*Met.* Z 3, 1029a28). Cette expression désigne quelque chose comme l'autonomie d'existence et le fait d'être une réalité désignable et individuelle. Or on n'a jamais rencontré de matière toute seule, sans forme, qui ne soit pas quelque chose de déterminé : même « du bois », c'est un tas de planches ou un fagot de branches. La matière en elle-même n'est connue que par abstraction, comme lorsque, dans une statue, je fais, par la pensée, la part entre le marbre, et ce qui vient le déterminer et en faire *cette* statue. Or cela, c'est précisément la forme (*eidos*). Au terme du livre Z de la *Métaphysique*, la forme semble emporter le concours de la substantialité.

La forme désigne en effet ce faisceau de propriétés essentielles et définitoires d'une substance composée de matière et de forme, à la façon dont une âme, par exemple, définit si tel être vivant est un végétal ou un animal. Ainsi la forme passe-t-elle avec succès l'examen de la substantialité en satisfaisant aux critères énoncés : elle est dotée d'une certaine persistance (Socrate ne saurait perdre son humanité en vieillissant) et elle est ce qui fait de telle matière une chose déterminée. D'un point de vue physique, la forme est ce qui donne une « figure » (*morphè*) à la matière. D'un point de vue logique, elle est l'essence de la chose ou sa « quiddité » (*to ti èn einai*), c'est-à-dire ce qu'est une chose par elle-même, indépendamment de ses accidents, et qui ne peut être appréhendé que par notre intellect (*DA* III 4).

Il y a ainsi un accord de fond d'Aristote avec les platoniciens : la forme répond à la question « qu'est-ce que c'est ? » ; il est nécessaire de poser qu'elle existe pour que le monde soit connaissable et qu'une science soit possible ; elle est ce qu'il y a de plus stable. Mais

Aristote ajoute : ce qu'il y a de plus stable *dans* la substance composée. Aristote continue de penser que Socrate ou ce chien singulier sont bien des substances. C'est là une thèse fondamentale de l'aristotélisme, qui court des *Catégories* à la *Métaphysique* : notre réalité est, au premier chef, composée d'individus substantiels. Dans l'Antiquité, être aristotélicien, c'est au minimum adhérer à cette conception.

Mais Aristote découvre en outre ce qui vient constituer cette réalité et élit ainsi la forme au rang de substance première. À la question de savoir ce qui constitue la réalité du réel, Aristote propose donc plusieurs réponses, qui ne sont pas incompatibles entre elles : indubitablement, Socrate ou cet arbre sont réels et ils forment des noyaux durs dans notre paysage ontologique. En un autre sens, leur matière aussi est réelle, et donc substance. Mais, ultimement, c'est leur forme qui confère aux individus composés leur réalité ; la forme peut donc être appelée « substance première » (*Met.* Z 7, 1032b1-2).

Une voie possible de conciliation entre les *Catégories* et la *Métaphysique* est ainsi de considérer que les deux traités ne poursuivent pas les mêmes objectifs et n'ont pas les mêmes méthodes. Les *Catégories* peuvent être tenues pour un traité de logique, qui fournit à la dialectique des instruments de travail. À la *Métaphysique*, en revanche, revient l'enquête scientifique, et donc causale, sur la substance.

Seulement, avec l'apparente victoire de la forme dans ce concours de la substantialité, surgit un risque : celui de faire revenir le platonisme par la fenêtre, après l'avoir fait sortir par la grande porte. On a dit en effet qu'était substance ce qui était « séparé ». Or Aristote s'est fermement opposé à la doctrine des Formes séparées. Il importe donc d'examiner comment une forme vient, par exemple, faire de telle matière cette statue. En d'autres termes, il faut comprendre pourquoi une forme est nécessairement forme *d'*une matière, ou encore pourquoi elle est « la cause de la matière » (*Met.* Z 17, 1041b7-8). L'enjeu de cet examen est alors aussi celui de l'unité de la substance composée. L'intérêt d'une ontologie substantialiste est, en effet, de penser, au cœur de notre paysage ontologique, des individus substantiels et non pas des collections de propriétés flottantes. Aristote ne peut, dès lors, esquiver la question de savoir ce qui fonde l'unité des composés hylémorphiques.

Que ce soit spécifiquement sur la question de l'âme et du corps vivant (*DA* II 1) ou sur celle de la substance composée en général (*Met.* H), la résolution de cette question passe par les notions d'acte et de puissance. C'est en adoptant un point de vue modal, c'est-à-dire en faisant de la matière une « substance en puissance » et de la forme une « substance comme acte » (*Met.* H 1) que l'on peut rendre compte de l'unité de la substance composée. Grâce au couple acte-puissance, Aristote se donne les moyens de nommer la façon dont la matière et la forme sont, chacune en leur sens propre, « substance ». La forme ne peut emporter le concours de la substantialité que pour autant qu'elle est comprise comme l'acte d'une matière.

La matière peut en effet être conçue comme la part d'indétermination dans une substance composée, comme ce qui l'ouvre au changement. Cela ne signifie pas pour autant que la matière soit une *pure* indétermination : dans le monde physique, et sauf à remonter par abstraction à l'idée d'une « matière première », une matière est toujours déjà porteuse de certaines aptitudes, de potentialités déterminées. On ne fabrique pas une scie en laine, mais c'est parce qu'elle est en laine qu'une couverture peut s'effilocher. De ce point de vue, l'analyse de la matière comme puissance permet aussi de comprendre pourquoi Aristote parle de « *cause* matérielle » : la matière elle aussi rend raison des propriétés possibles d'une chose, de ses dispositions.

La forme, quant à elle, est ce qui vient actualiser ces potentialités. Selon un exemple d'Aristote, une maison est faite de brique et de bois, et sa forme, qui est aussi sa fonction et sa fin, est d'être un « abri protecteur des biens et des personnes ». La forme n'est donc ni une chose, ni une partie d'une réalité déterminée, mais l'organisation-même de cette réalité, *i.e.* la substance composée prise du point de vue de son essence et de sa fin. La forme est, de ce fait, ce qui permet de différencier telle substance composée et lui donne une individualité séparée de celles des autres. La forme est donc cause de la matière au sens où elle est la détermination en acte des possibles portés par la matière. La thèse du *De Anima* selon laquelle, si l'on comprend l'âme comme entéléchie et le corps comme puissance, la question de leur unité ne doit même plus se poser (*DA* II 1, 412b6), doit être étendue à toute substance sensible, composée de forme et de matière (*Met.* H 6).

Un acte premier

Le monde aristotélicien est ainsi un mixte de puissance et d'acte. Les substances sensibles sont, à la fois, en acte et en puissance : en acte puisqu'elles sont, en puissance parce qu'elles peuvent changer. Cette conjugaison d'acte et de puissance est essentielle à la physique aristotélicienne autant qu'à son ontologie.

La nature est, on l'a dit, fondamentalement composée d'individus substantiels. Mais ces individus ne sont pas figés dans une pure identité à soi. La distinction de l'acte et de la puissance est ce qui permet d'éviter un monde totalement solide, englué dans cette pure identité. La puissance est l'un des sens de l'être. Il faut donc montrer qu'être, ce n'est pas seulement être en acte.

Aristote est ainsi conduit à discuter une thèse qu'il attribue aux « Mégariques » (Euclide de Mégare était un disciple de Socrate et fonda une école de penseurs s'adonnant notamment à la logique et à la dialectique). Selon cette thèse, il n'existe pas de puissance en dehors de l'acte dans lequel elle se réalise. Le Mégarique ressemble à cet enseignant qui refuse d'indiquer sur son bulletin qu'un élève « a des capacités » tant qu'il n'en aura pas fait la preuve. Aristote prend un exemple plus précis (*Met.* Θ 3) : avec le Mégarique, on ne peut plus dire de quelqu'un qu'il a la capacité ou la puissance de bâtir une maison tant qu'il n'est pas *en train* d'en bâtir une.

Une telle affirmation est intenable parce que, pour bâtir une maison, il faut avoir acquis un savoir antérieur, un ensemble de compétences, qu'on peut posséder sans forcément en faire usage. Un autre argument vaut dans le cas de la sensation : si un objet n'est perceptible, c'est-à-dire qu'il ne *peut* être perçu que lorsqu'il est actuellement perçu, alors c'est réduire l'être à l'apparaître et considérer que, lorsque j'éteins la lumière en quittant une pièce, celle-ci disparaît. La « possibilité » ne désigne ainsi pas seulement ce qui est déjà en acte – au sens où il est vrai de dire, quand je suis en train de marcher, que je *peux* marcher –, mais aussi « ce qui *pourrait* être en acte » (*DI* 13, 23a10-11). Aristote octroie donc une forme de réalité aux puissances non utilisées et aux possibles non réalisés. L'être en puissance n'est pas un non-être absolu. Être capable de marcher alors que je suis actuellement assis, ce n'est pas rien.

Cependant, Aristote cherche aussi à se garder d'un monde gazeux qui ne serait que pure puissance. Il emploie quant à lui la métaphore mythique du « Chaos » ou de la « Nuit » (*Met.* Λ 6-7) pour désigner la position selon laquelle la puissance serait première par rapport à l'acte. Cette position a pourtant un caractère intuitif : il est naturel de considérer que j'ai la possibilité de marcher *avant* de me mettre à marcher, ou que cette eau a la capacité d'être échauffée avant que je ne place la casserole sur le feu. Aristote affirme au contraire l'antériorité de l'acte sur la puissance. Ses arguments sont à la fois ontologiques et cosmologiques. Il est certes acceptable de dire que, chronologiquement, un nourrisson a la capacité de voir avant même d'ouvrir les yeux, ou que le gland existe avant le chêne qu'il deviendra.

Mais ces affirmations ne sont vraies que sous une certaine focale. Si l'on élargit le point de vue, on trouvera toujours un acte antérieur : il y a eu un autre chêne en acte, avant le gland qu'il porte et qui deviendra à son tour un chêne, comme il y a toujours une poule avant l'œuf. Toute génération et tout changement présupposent un moteur en acte. L'acte n'est pas seulement antérieur selon le temps, mais aussi selon l'énoncé et la substance (*Met.* Θ 8). Selon l'énoncé, parce que la définition d'une puissance se fait toujours en référence à son acte (comme la capacité à lire en fonction de l'acte de la lecture). L'antériorité selon la substance est sans doute la plus cruciale. « Substance » s'entend ici au sens de la forme ou de l'essence. L'acte est formellement antérieur à la puissance parce qu'il constitue sa finalité, son « ce-en-vue-de-quoi » : je n'ai pas appris à conduire une voiture pour simplement obtenir le permis de conduire, mais pour conduire effectivement. L'acte est ici antérieur en ce que la forme programme la réalisation d'une puissance vers telle fin.

Mais l'antériorité de l'acte peut aussi se vérifier au niveau cosmologique. L'argument peut s'énoncer comme un *modus tollens* dont l'objectif est de démontrer, négativement, qu'il est impossible que tout soit corruptible et, positivement, qu'il doit exister une substance qui soit essentiellement en acte, voire qui soit « acte » tout court, sans aucune trace de puissance. La prémisse centrale est que toute puissance est « puissance des contraires », c'est-à-dire puissance à la fois d'être et de ne pas être (*Met.* Θ 8), ou encore que « ce qui possède une puissance peut ne pas l'actualiser » (Λ 6, 1071b13-14). Cette thèse découle directement de la critique des Mégariques et de la conception de la puissance qui s'ensuit : faire de la puissance un mode d'être distinct de l'acte demandait, contre les Mégariques, de penser le possible comme ce qui *peut* passer à l'acte. Or ce qui fait passer une puissance à l'acte, c'est un acte antérieur. L'eau n'actualise sa puissance d'être échauffée que si l'on met la casserole sur le feu, lequel est chaud en acte.

Dès lors, s'il n'existait pas un acte absolument premier, si l'enchaînement des moteurs remontait à l'infini, alors même ceux qui posent une Nuit ou un Chaos originels devraient reconnaître que rien ne serait jamais passé à l'acte et que tout serait à jamais resté à l'état de puissance – comme dans un monde qui resterait à l'état gazeux. Il est impossible que le monde ne contienne que des êtres corruptibles. Comme le conclut Aristote : « Il faut donc

qu'il existe un principe tel que sa substance soit acte »
(*Met.* Λ 6, 1071b19-20). Aristote opère ici un complet
renversement à l'égard du premier principe platonicien,
le Bien de la *République*, « au-delà de l'essence », qui
« l'excède en dignité et en puissance » (*Rep.* VI, 509b).
Au contraire, le premier principe aristotélicien doit
absolument être dépourvu de toute puissance. Cette
argumentation serrée servira de matrice aux arguments
cosmologiques en faveur de l'existence d'un dieu. Mais
il convient de rappeler que, chez Aristote, le monde est
éternel et n'a jamais été créé ni produit par un démiurge.
Dès lors, le principe en question n'est pas premier au
sens chronologique (comme s'il se situait à la naissance
du monde), mais en un sens ontologique. Il est le principe
éternel d'un monde sans commencement ni fin.

Aristote décrit plus précisément ce premier principe
et son type de vie – car, conformément à la mythologie,
il le conçoit comme un être vivant. Ce premier principe
peut être nommé « dieu », même si Aristote emploie
rarement le terme, parce que ce qui l'intéresse au premier
chef, c'est son caractère de principe. Le raisonnement
se fait ici par modélisation et repose sur très peu de
prémisses empiriques. En tant qu'acte premier, ce
principe est ce qui garantit qu'il y a du mouvement et
du devenir dans le monde. Il doit donc être moteur. Or,
on l'a vu, le mouvement est globalement éternel. Son
principe ultime doit donc également être éternel. De
surcroît, parce qu'il doit être absolument premier pour
bloquer toute régression à l'infini, il doit lui-même être
immobile (*Phys.* VIII 5). L'hypothèse d'un principe
premier automoteur peut être écartée, au motif que, dans
cet hypothétique principe automoteur, il faudra encore
continuer de distinguer, en lui, entre ce qui est mû et ce

qui est moteur non-mû. Cette hypothèse d'un principe automoteur peut donc être réduite (comme on réduit une fraction) à celle que retient finalement Aristote : le premier principe est le « premier moteur immobile ».

Mais comment ce moteur déclenche-t-il, de toute éternité, le mouvement? Il peut paraître en effet paradoxal que quelque chose d'immobile puisse être moteur. Aristote poursuit son travail de modélisation, en partant ce qui se produit dans le sublunaire (*Met.* Λ 7). En fait, ici-bas aussi il existe des moteurs immobiles, par exemple les objets qu'on pense et ceux qu'on désire (ou qu'on « aime » : c'est le grec *eros* qui est utilisé). Ces objets suscitent une activité orientée (désirer, penser) sans être affectés par elle : je peux aimer en secret, sans être payé de retour; et ce ne sont pas les objets intelligibles (par exemple le théorème de Pythagore) qui sont affectés par ma pensée ou mon acte d'intellection, mais bien l'inverse. À ce stade, les discussions entre spécialistes font rage et ce qui suit ne saurait être qu'une lecture possible et sommaire de passages fort débattus.

Selon l'interprétation la plus classique, la motricité du premier moteur relève de la causalité finale. Mais Aristote ne se contente plus d'une analogie : le premier moteur immobile ne meut pas seulement comme un objet désirable ou intelligible; il *est* le premier objet de tout désir et de toute pensée. Il est même possible d'identifier ces deux déterminations, au motif que, déjà dans l'action humaine, c'est l'intellect qui peut présenter au désir ce qui est réellement désirable, parce que réellement bon, et non pas seulement bon en apparence. Deux conséquences découlent de cette identification, quant à la nature du premier moteur, d'une part, et à sa motricité, d'autre part. Premièrement, le premier moteur n'est pas seulement le premier intelligible, il doit également être intellect. En effet, le premier moteur est purement acte : il ne peut donc pas être un simple objet intellig*ible* (en soulignant le suffixe) au sens de ce qui *peut* être pensé. Le premier moteur doit donc être un *acte* de pensée, une pensée accomplie et pleinement réalisée. Que pense-t-il ? Rien d'autre que lui-même, précisément, s'il est vrai qu'il est *premier* principe et que, pour que son intellection soit toujours pleinement en acte, il doit penser un objet qui soit toujours pleinement en acte. Le premier moteur est donc « intellection d'intellection » ou « pensée de la pensée » (*Met.* Λ 9, 1074b34-35), au sens où il se pense lui-même.

En outre, le premier moteur meut « en tant qu'il est aimé » (*Met.* Λ 7, 1072b3). Cette proposition mystérieuse ne peut certainement pas signifier que tous les êtres du monde, y compris les pierres et les plantes, désirent ou aiment le premier moteur. Faut-il alors y entendre un sens purement métaphorique et comprendre que le premier moteur meut « comme s'il était aimé » (autre traduction possible) ? Une solution consiste à rappeler que, dans la suite de la proposition, Aristote ajoute que ce moteur « meut le reste par quelque chose qui est mû » (1072b4). Si ce « quelque chose » désigne bien le premier ciel, alors en réalité le premier moteur n'est objet d'amour que pour celui-là, qui est, de fait, doté d'une âme (*DC* II 1). Le premier moteur meut le premier ciel qui le désire et c'est par l'intermédiaire de ce premier ciel amoureux qu'il meut le reste des êtres. Le mouvement du premier ciel entraîne mécaniquement celui des autres sphères et est donc responsable des régularités des mouvements astraux (la course du soleil, donc aussi le retour des saisons, etc.). Quant aux êtres sublunaires, leur visée du premier moteur est seulement indirecte : c'est en visant leur bien propre qu'ils visent, médiatement, cette perfection ultime du monde que représente le premier moteur divin (*EE* I 8). Aristote s'inspire ici du *Banquet* de Platon pour décrire le cycle des générations animales comme une manière, imparfaite, qu'ont les êtres corruptibles d'imiter l'éternité divine (*DA* II 4).

Il pourrait sembler, arrivé à ce point, qu'Aristote réintroduise une unité forte au sein d'un monde initialement conçu de façon pluraliste. Il s'agit en réalité surtout de se garder d'un monde qui serait comme une « mauvaise tragédie » (*Met.* Λ 10 et N 3) – on dirait, aujourd'hui, une mauvaise série –, faite d'épisodes dépourvus de trame narrative. En d'autres termes, Aristote prémunit son pluralisme d'une dispersion dans la pure multiplicité désordonnée. Mais, de même et parce qu'il refuse une définition univoque de l'être, il refuse une Idée du Bien. À chaque type d'être correspond un certain accomplissement et un certain bien (*EE* I 8). Parce que la visée du premier moteur par les êtres sublunaires est indirecte, médiatisée par la visée de leur bien propre, l'unification du monde produite par la présence, à son sommet, d'un premier moteur divin respecte cette essentielle pluralité. À cela s'ajoute que, si tous les êtres sont directement (premier ciel) ou indirectement (tout le reste) orientés vers ce bien qu'est l'intellect divin, il n'en demeure pas moins que, dans le sublunaire, la présence de la matière, de la puissance et de la contingence rend cette pluralité irréductible. Aristote pose même que, plus un être est éloigné du premier principe, plus il doit multiplier les activités pour accomplir son bien (*DC* II 12 ; *Met.* Λ 10). Dans cette échelle des êtres, cette règle de progression n'est pas linéaire : le nombre d'actions nécessaires pour atteindre son bien croît depuis le premier ciel (qui n'a que le mouvement circulaire à effectuer pour se réaliser) jusqu'à l'homme (qui est susceptible du plus grand nombre d'activités dans le sublunaire). Puis, depuis l'homme, ce nombre d'actions décroît – les plantes, par exemple, n'ont besoin que d'un petit nombre de mouvements pour accomplir leur perfection. C'est cette place particulière de l'homme qu'étudient plus avant les sciences pratiques.

PLURALITÉ DES ÊTRES HUMAINS

Être heureux

Comme tout vivant en devenir dans l'univers aristotélicien, l'être humain est naturellement orienté vers son propre bien. Pour l'être humain, ce bien est aussi son bonheur (*eudaimonia*), selon une thèse couramment appelée eudémoniste. Aristote soutient à la fois un eudémonisme descriptif et sa version prescriptive. Il affirme d'une part que tout désir est effectivement orienté vers ce qui nous paraît bon – quoique cela puisse ne pas l'être en réalité. Il ne s'agit donc pas seulement de souligner le caractère intentionnel du désir, au sens où il ne saurait exister de désir qui ne soit pas désir de quelque chose ; mais aussi de concevoir tout objet de désir comme un « bien apparent » (*DA* III 10), en prenant « bien » au sens très large de ce qui m'est profitable ou avantageux. Un objet n'est désirable que s'il m'apparaît bon. Aristote reprend d'autre part à son compte l'opinion selon laquelle il est rationnellement et moralement légitime de rechercher son propre bonheur.

Seulement, cet eudémonisme ne préjuge pas du contenu que l'on peut donner au bonheur. Si tout le monde s'accorde à appeler « bonheur » le bien suprême de la vie humaine, c'est sur son contenu que les divergences commencent (*EN* I 2). Une précision s'impose toutefois : le bonheur n'est pas ici conçu comme un simple état psychologique ou un sentiment, mais comme l'épanouissement actif d'un genre de vie, si bien que le désaccord sur le bonheur est un désaccord sur les genres de vie, par exemple : vie de plaisir, vie passée dans l'action politique ou à chercher les honneurs, vie de sagesse passée dans l'étude théorique (*EN* I 3 ; *EE* I 4). Pour résoudre ce désaccord, il faut d'abord s'entendre sur l'objet de la recherche : si le bonheur consiste dans le bien suprême de la vie humaine, il doit être la fin ultime de toutes nos actions. La question « pourquoi souhaitez-vous être heureux ? » n'a aucun sens : le bonheur est ce qui doit venir mettre un terme à l'enchaînement des moyens et des fins. C'est pourquoi Aristote peut écarter de la discussion, par exemple, la vie vouée à la richesse et au profit, puisque la richesse ne peut être qu'un moyen au service d'une autre fin, mettons le plaisir ou les honneurs (*EN* I 3). Au contraire, la vie heureuse doit être une vie guidée par un bien autosuffisant.

Dès le départ aussi, l'enquête peut écarter un Bien suprême conçu comme une Idée platonicienne. À première vue, l'Idée du Bien semble remplir certains des critères du bien suprême : cette Idée peut être considérée comme le premier bien, comme une fin en soi, parfaite et autosuffisante. Aristote évoque ses arguments classiques contre les Idées (*EN* I 4 et *EE* I 8). Mais le point intéressant de la critique est d'opérer de l'intérieur du platonisme, au motif que, *même s'*il existait une Idée du Bien, elle ne nous serait d'aucune utilité pour atteindre, ici et maintenant, le bonheur. Même s'il existait une essence

universelle du bien, en vertu de laquelle toute chose
« bonne » serait telle, elle ferait de toute façon l'objet
d'une enquête théorique, et non pas d'une recherche
pratique (en se rappelant que *praxis* désigne l'action).
Or, dans le champ des savoirs, éthique et politique se
singularisent précisément en ce qu'elles étudient l'action
humaine, mais ce, dans la mesure où elles ont pour fin de
nous faire agir. Un corollaire de cette critique est que les
sciences pratiques ne sont pas des sciences du Bien tout
court ou en soi – pas plus qu'il n'y a de science de l'Être
tout court ou en soi, puisqu'une telle chose n'existe pas
(*EE* I 8). Comme l'être, le bien se dit en plusieurs sens.

Pour donner un contenu au bonheur, il faut donc que
le candidat soit une fin suprême et autosuffisante, mais
aussi qu'il soit un bien pratique et proprement humain.
Aristote emprunte ici un argument à Platon (*République* I
et *EN* I 6), qu'on a coutume d'appeler l'argument de
l'*ergon*, c'est-à-dire l'argument de la fonction ou de
l'activité propre. Sa prémisse de base est que l'activité
d'un objet quelconque est qualifiée de bonne si cet objet
remplit une fonction qui lui est propre et qu'il est le plus
apte à accomplir. Un bon matelas est celui grâce auquel
mon sommeil sera le plus réparateur possible ; un bon
garagiste est celui qui répare durablement ma voiture.
Mais si cette prémisse est intuitive dans le cas des objets
ou des activités techniques, elle heurte spontanément
notre esprit moderne dans le cas de l'homme en général.
Peut-on sérieusement parler de la fonction propre de l'être
humain comme de celle du coupe-papier de Sartre, dans
« L'existentialisme est un humanisme » ? Le problème
est même interne à l'aristotélisme : s'il n'y a pas de dieu
créateur pour Aristote, l'analogie technique n'est-elle
pas vouée à l'échec ? Enfin, le problème est logique :

l'argument semble commettre un saut entre ce qui fait un homme de bien ou un homme réussi (qui aurait, donc, accompli sa fonction propre) et ce qui est bon *pour* lui, son bonheur.

Les spécialistes ont livré plusieurs défenses de cet argument, en montrant notamment que ces objections reposaient sur des erreurs d'interprétation. En premier lieu, il est bon de rappeler qu'Aristote est sans doute le premier philosophe à opérer une distinction claire entre le domaine de l'action humaine et celui de la production, entre *praxis* et *poièsis*, si bien que l'analogie avec les objets et les activités techniques n'est que cela : une analogie. L'*ergon* de l'être humain n'est pas l'utilité d'un artefact, et par *ergon*, il faut d'abord entendre l'activité *propre* à un être. C'est, de fait, ce caractère propre qui joue dans l'argument : Aristote s'efforce de dégager cette activité qui ne peut être pleinement accomplie que par l'être humain, et c'est pourquoi il écarte par exemple le simple fait de vivre (respirer, croître, se reproduire) qui vaut aussi pour les plantes et les autres animaux.

Par ailleurs, c'est effectivement un trait de l'eudémonisme aristotélicien que de soutenir qu'il y a une relation d'implication nécessaire entre, d'une part, la réalisation pleine et entière de l'être humain en tant qu'être humain et, d'autre part, son bonheur, entendu comme l'épanouissement de son meilleur genre de vie. Pour reprendre un exemple d'Alexandre d'Aphrodise, si le rire était l'aptitude fondamentale propre à l'espèce humaine, alors la vie heureuse serait une vie passée à rire (mais, ajoute Alexandre avec esprit de sérieux, ce n'est pas le cas).

Quelle est donc cette aptitude que l'espèce humaine est la plus apte à réaliser? Après avoir éliminé les autres candidats, comme le plaisir, le texte répond : une « activité (*energeia*) de l'âme conforme à la raison (*logos*) » (*EN* I 6, 1098a7). Ce passage est sans doute celui qui s'approche le plus d'une définition de l'homme par la rationalité, selon une thèse que la tradition a coutume d'attribuer à Aristote. À vrai dire, d'après le sens de l'*ergon*, il s'agit surtout de dégager cette aptitude que l'être humain est *le plus apte* à réaliser – ce qui ménage un espace pour attribuer une intelligence aux autres animaux. Mais l'homme a aussi ceci de propre que, plus pleinement que les autres espèces animales, il est par nature un animal politique, c'est-à-dire fait pour vivre en cité (*Pol.* I 2). L'idée d'un être absolument seul, ou solitaire par nature est contradictoire de l'humanité : l'ermite en est une figure temporaire. Les êtres humains ne se réunissent pas d'abord sous la pression utilitaire de la satisfaction de leurs besoins, qui exigeraient la coopération, comme le pensait Platon, mais sous l'effet d'une tendance naturelle à vivre ensemble (*Pol.* III 6).

La possession du *logos* et la nature politique de l'être humain se répondent l'une à l'autre : le *logos* désigne en effet à la fois la partie rationnelle de l'âme, mais aussi la capacité humaine à user d'un langage articulé. Ce *logos* humain ne se contente pas de communiquer des affects (ce que font déjà les autres animaux); il permet en outre d'émettre des jugements normatifs sur l'utilité ou le bien. Le *logos* aristotélicien conjoint langage et raison parce qu'il n'est pas rivé à ce qui est, mais peut dire ce qui doit être. Or un jugement évaluatif du type « c'est injuste » a une portée objective qui, en droit, s'adresse aux autres hommes. Plus encore : ce qui fait une cité, c'est précisément la communauté de nos jugements moraux (*Pol.* I 2, 1253a18). En grec comme en français, cette dernière idée est ambiguë. Aristote peut vouloir dire qu'une cité est marquée par une homogénéité des croyances morales. Mais il peut aussi désigner l'action même de partager et de confronter, par le langage, ces jugements moraux. Au vu du contexte, et étant donné qu'Aristote se montre sensible à l'existence d'une pluralité de conceptions du bien, on est fondé à préférer la seconde interprétation. Cela ne veut pas dire que cette pluralité des positions morales soit indépassable, mais qu'une cité se caractérise minimalement par la mise en commun et la discussion de ces croyances.

Dans tous les cas, cette position explique pourquoi éthique et politique sont si étroitement associées. Le bonheur n'est pas une question individuelle. La politique commande à l'éthique, comme l'architecte commande aux ouvriers parce qu'il connaît le but, la cause finale de l'ouvrage (*EN* I 1). Contrairement à une bonne part de la philosophie politique moderne et de sa tradition contractualiste, la cité d'Aristote n'a pas pour seule fin de permettre la coexistence pacifique d'individus préexistants ou leur « vivre-ensemble », mais elle vise les « belles actions », c'est-à-dire les actions morales (*Pol.* III 9, 1281a2-4). C'est pour vivre bien que nous vivons ensemble.

Les vertus

Le bien ultime de la vie humaine consiste, on l'a vu, dans l'activité rationnelle. Qu'est-ce à dire? Aristote précise encore : le bien va résider dans « une activité de l'âme conforme à la vertu » (*EN* I 6, 1098a16-17) et le bonheur sera donc « l'activité d'une vie parfaite conforme à la vertu parfaite » (*EE* II 1, 1219a38-39). L'introduction de la vertu dans l'argument de l'*ergon* se justifie par le sens premier du terme *aretè* qui désigne d'abord l'excellence, pour n'importe quelle chose, dans la réalisation de sa fonction propre, ou, comme le dit Aristote, « la meilleure puissance de tout ce qui possède un usage ou une fonction » (*EE* II 1, 1218b38-1219a1). Être heureux requiert de s'accomplir en tant qu'être humain. Aristote distingue entre les vertus du caractère, ou « éthiques », et les vertus intellectuelles. Les premières sont les plus connues : courage, justice, tempérance, etc. ; parmi les secondes se trouvent la prudence ou sagesse pratique, mais aussi la perspicacité ou le bon sens.

Cependant, si une vertu éthique est la pleine réalisation d'un individu, cette réalisation ne saurait être automatique ou mécanique, sans quoi tous les hommes seraient devenus vertueux. La vertu est donc une disposition fermement acquise (*hexis*), qui demande du temps et de l'habitude. Cela ne signifie pas qu'une fois telle vertu acquise, l'action vertueuse se fasse inconsciemment, comme par réflexe. C'est pourquoi Aristote ajoute à son esquisse de définition de la vertu qu'elle est une disposition à décider d'une action (*prohairètikè*) et qu'elle est toujours « déterminée par la raison » (*EN* II 6).

Il précise aussi que toute vertu éthique est une « médiété », au sens où elle est un juste milieu entre deux vices (par excès et par défaut), mais aussi et surtout au sens où elle vise un intermédiaire dans les actions et les émotions (*EN* II 5). L'éthique aristotélicienne, sans verser dans le sentimentalisme moral (d'après lequel nous avons une connaissance affective immédiate de notre devoir), confère une place de choix aux émotions dans notre vie morale. Les vertus sont ces capacités acquises à agir dans tel ou tel domaine de l'existence humaine, face à telle ou telle émotion. On se rappelle que, dans le monde sublunaire, les êtres humains sont ceux des animaux qui sont susceptibles des actions les plus diverses pour atteindre leur bien (*DC* II 12). À cette complexité de la vie humaine répond la multiplicité des vertus. Aristote dégage un type de médiété pour chaque sphère de notre existence, même la plus banale, et pour chaque besoin humain. Aux vertus classiques, comme le courage, la tempérance ou la justice, il ajoute par exemple : dans le domaine des relations humaines et lors des moments de détente, la qualité de l'homme enjoué, qui sait plaisanter avec tact et éviter la bouffonnerie de celui qui plaisante constamment et se moque d'autrui, autant que la maussaderie du rustre que rien n'amuse (*EN* IV 14).

Cette médiété est en outre relative à nous. Loin d'engager un relativisme, cette précision indique que la détermination du juste milieu doit prendre en compte les particularités de la situation. Ainsi une émotion comme la colère peut-elle faire l'objet d'une vertu si l'on évite l'excès de colère, qui confine à l'irritabilité et à l'intempérance, ou son défaut complet, qui serait le fait d'un homme placide, voire sot (*EN* IV 11). Aristote reconnaît ici que les mots nous manquent et propose de nommer « douceur » la vertu de celui qui sait éprouver de la colère au bon moment et pour les bonnes raisons, par exemple devant l'injustice. Mais cette douceur intermédiaire doit être mesurée, par exemple, à l'aune de l'injustice à laquelle elle répond. L'éthique aristotélicienne n'est pas friande de préceptes généraux et abstraits ou de normes universelles d'évaluation d'une action. La raison en est double : d'abord du fait de son attention aux spécificités des circonstances, mais aussi, et sans contradiction, parce qu'il est toujours moins question d'une action isolée que de la formation d'un caractère, d'une disposition fermement acquise. C'est d'ailleurs l'une des raisons qui a présidé à la reviviscence contemporaine de l'éthique aristotélicienne, face aux courants déontologiques ou utilitaristes qui s'efforcent de dégager une procédure universelle de l'évaluation d'une action donnée (voir par exemple les travaux pionniers d'E. Anscombe ou P. Foot, en particulier leurs articles parus la même année, 1958, « Modern Moral Philosophy » et « Moral Arguments »).

Mais comment alors, si toute action a une part de singularité, pourrait-on déterminer notre règle d'action ? C'est la dernière partie de la caractérisation de la vertu éthique qui répond : « La vertu est une disposition à décider, consistant en une médiété relative à nous, laquelle est déterminée par la raison et *comme le déterminerait l'homme prudent* » (*EN* II 6, 1106b36-1107a2). Avec la prudence ou sagesse pratique (*phronèsis*), apparaît une vertu intellectuelle dans la caractérisation de la vertu éthique. Si les émotions forment une matière pour l'action morale, celle-ci n'en est pas moins une action raisonnable parce que rationnelle. Mais cette raison est ici incarnée dans la figure de l'homme prudent – Aristote prend plus loin l'exemple de Périclès (*EN* VI 5). Cette vertu intellectuelle n'est pas une abstraction. Mais qu'ont en commun ces sages auxquels nous pouvons, comme à des modèles, nous référer quand nous délibérons sur une action ? Aristote conçoit la sagesse pratique comme une disposition à agir, une disposition vraie et accompagnée de raison, qui rend capable de bien délibérer sur ce qui doit être fait (*EN* VI 5).

Or, dans la structure de l'action morale, la délibération intervient comme intermédiaire entre le souhait qui fixe les fins de l'action, et la décision qui déclenche cette action. La délibération porte sur les moyens de l'action singulière et a donc à voir avec le contingent. Le prudent est celui qui soupèse les moyens possibles et discerne comment faire, ici et maintenant, ce qui doit être fait. En situation de guerre, par exemple, c'est la vertu du courage qui va poser la fin et qui consiste à connaître que le courage est d'affronter la mort sur le champ de bataille. La sagesse pratique est ce qui va me dire que, cette fin étant posée, le courage consistera ici à rester dans une tranchée, par exemple, à tenir mon poste et à ne pas me jeter comme un forcené à la suite de mes camarades. Puisqu'elle suppose la position d'une fin morale, la sagesse pratique n'est donc pas une simple habileté ou une capacité technique d'ajuster des moyens à une fin (ce qui est malheureusement l'un des sens de « prudence » en français, comme quand on parle de calcul prudentiel, et qui fait que la traduction de *phronèsis* par « prudence » peut être trompeuse). Du reste, Aristote ne soutient pas que tous les moyens sont bons quand la fin est bonne : les moyens d'une action aussi sont susceptibles d'être évalués moralement (*EN* III 5 et VI 13).

La sagesse pratique est ainsi ce qui, en retour, rend possible l'actualisation véritable des vertus particulières (*EN* VI 13). Elle confère aux vertus éthiques une stabilité plus grande que ce qui se passe dans telle de nos dispositions naturelles. Mais c'est à la décision qu'il revient d'articuler ce que la vertu éthique nous fait souhaiter et ce que la sagesse pratique nous indique dans la délibération. Dans une formule frappante, Aristote définit la décision comme « un intellect désirant, ou un désir raisonnant, et le principe de cette sorte, c'est l'être humain » (*EN* VI 2, 1139b4-5). La décision vertueuse engage toute notre âme en requérant la collaboration, et même l'unification de nos facultés. De fait, le souhait est une forme de désir, et la délibération, une opération rationnelle. On n'est pas vertueux seulement parce qu'on sait ce qu'il faut faire, ou seulement parce qu'on le désire. La vertu accomplit l'humanité de l'homme parce qu'elle l'engage de tout son être. C'est par cette actualisation unifiée des facultés de son âme que l'être humain pourra trouver son bonheur.

Les biens extérieurs

Comme on l'a dit, l'idée d'un bonheur solitaire serait, du point de vue d'Aristote, un oxymore. Or soutenir que la vie heureuse consiste dans une vie conforme à la vertu semble verser dans une définition égocentrée du bonheur. Suffit-il réellement de faire le bien pour être heureux ? La vertu ne semble pas de nature à nous prémunir contre les méfaits commis par autrui à mon encontre, pas plus, de façon générale, que contre les malheurs qui peuvent nous arriver, comme la maladie ou le deuil. Cette question est déjà posée par Socrate, qui affirme qu'aucun mal ne saurait toucher un homme de bien (*Apologie*, 41c). Mais, dans le même temps, il semble reconnaître qu'il existe d'autres biens que la vertu, et d'autres maux que le vice (*Euthydème*, 281b-e, par exemple). Une telle affirmation paraît faire vaciller l'identité entre vie vertueuse et vie bonne. Les spécialistes discutent encore la question de savoir si Socrate et Platon à sa suite revendiquent une telle identité ou s'ils la nuancent dans le sens d'une simple condition suffisante. Peut-être importait-il au premier chef à Socrate et à Platon d'établir cette connexion entre être heureux et être une personne de bien, léguant ainsi à leur héritiers la tâche d'en explorer les implications, notamment à l'égard des biens et maux « extérieurs », comme la richesse et la pauvreté, la santé, la maladie et la condition physique en général, la célébrité et la reconnaissance, etc.

À la faveur de son approche pluraliste du bien et, donc aussi, du mal, Aristote se donne en effet les moyens d'assumer plus pleinement ces questions : la vertu fournit-elle au vertueux une sorte d'immunité contre les malheurs qui peuvent lui arriver ? Peut-on être heureux si l'on est atteint d'une maladie incurable, ou bien, inversement, faut-il être riche, beau et bien portant ? De Socrate, Aristote retient l'idée d'une dépendance des biens extérieurs ou corporels à l'égard de la vertu. La richesse n'est un bien que pour celui qui sait en user vertueusement, alors qu'elle peut devenir un mal chez le vicieux (*EE* VIII 3). Réciproquement, le vertueux est, jusqu'à un certain point, protégé des événements considérés comme mauvais : ces derniers deviennent pour lui des occasions d'exercer sa vertu. Mais « jusqu'à un certain point » seulement : si les revers de la fortune sont multiples et répétés, comme ceux qui affectèrent Priam, Aristote admet que le bonheur n'est plus possible (*EN* I 10-11 et VII 14). Il y a, de ce fait, une « vulnérabilité » essentielle des affaires humaines (comme l'a bien vu M.C. Nussbaum dans *La Fragilité du Bien*).

Or, si la vertu est le bien suprême, elle doit être autosuffisante (*EN* I 5). Cependant, l'accomplissement de telle vertu peut être facilité, voire ne saurait avoir lieu sans certains biens extérieurs, par exemple « les amis, la richesse ou le pouvoir politique » (*EN* I 9, 1099b1-2). Aussi faut-il distinguer, dans les vertus relatives aux richesses, la générosité de ceux qui possèdent beaucoup – et peuvent faire preuve de « magnificence » – et celle des autres. C'est une question de savoir si Aristote considère ces biens extérieurs nécessaires à l'exercice de la vertu comme de simples instruments pour l'action vertueuse, ou comme essentiels au bonheur lui-même et inclus dans la vie heureuse. Mais, dans les deux cas, il est net qu'une vie vertueuse est une vie située, qui ne saurait s'extraire du quotidien et des revers de la fortune, comme de la présence d'autrui.

C'est dans ce contexte que l'on peut comprendre pourquoi Aristote s'étend autant sur l'amitié dans son éthique – alors que, de prime abord, il peut nous paraître étrange d'élever cette affection singulière au rang de question morale. On pourrait même penser que le rôle de l'éthique est de nous apprendre à étendre à tout homme les attitudes morales que l'on a spontanément pour ses amis, comme la bienveillance ou la sincérité. Mais c'est que, pour Aristote, l'amitié se cultive comme une vertu : elle est une disposition orientée vers le bien (*EN* VIII 6). Même dans les amitiés imparfaites comme celles fondées sur le plaisir ou l'utilité, c'est une forme du bien qui est visée et *a fortiori* dans l'amitié parfaite, entre vertueux (*EN* VIII 3). Un homme heureux ne saurait se passer d'amis, non seulement parce qu'ils sont pour lui une occasion de premier choix pour actualiser ses vertus, mais aussi parce que c'est un moyen pour lui de prendre conscience du plaisir inhérent au fait même de vivre (*EN* IX 9).

De ce qui précède découle aussi le caractère intrinsèquement politique de la vie vertueuse. D'une part, Aristote conçoit aussi l'amitié dans sa fonction politique : le lien social qui unit les membres d'une même communauté peut être légitimement appelé « amitié », si l'on entend par là le souhait réciproque du bien (et

en particulier l'utilité commune et la vertu), entre des
égaux (*EN* VIII 11). D'autre part, comme le montre la
mention du « pouvoir politique » dans la liste des biens
extérieurs, l'accomplissement même de la vertu suppose
la vie politique, conformément à la double capacité de
l'homme à user du *logos* et à vivre en cité. Il n'y a pas
d'action morale absolument solitaire, qui n'implique pas
la présence d'autrui. Parce que la cité est ce dans quoi
peuvent se réaliser nos actions, la vie politique, comme on
l'a dit, ne consiste pas en un simple « vivre-ensemble »,
mais elle est en vue des actions morales (*Pol.* III 9). En
ce sens, la philosophie politique aristotélicienne peut
être qualifiée, selon la terminologie contemporaine, de
« perfectionniste ».

C'est ce que montre aussi l'aspect sans doute le plus
choquant pour tout lecteur contemporain de la pensée
aristotélicienne, à savoir sa théorie de l'esclavage. Si
Aristote se montre critique à certains égards de cette
institution de son temps, par exemple en refusant l'esclavage des captifs de guerre (*Pol.* I 6), il vient aussi la fonder
en affirmant l'existence d'êtres humains naturellement
disposés à servir d'instruments pour d'autres (*Pol.* I 4-5).
Outre les évidentes objections morales et politiques à
l'encontre de cette idéologie, il faut souligner la contradiction interne dans laquelle s'enferre Aristote, puisqu'il
accorde l'humanité aux esclaves. Or, dans le même
temps, il ne leur concède la possession que, si l'on peut
dire, d'une moitié du *logos* : la capacité à obéir (*Pol.* I 5
et 13). À tout le moins sa conception de l'esclavage
confirme-t-elle le lien qui unit action vertueuse, bonheur
et situation politique. De fait, privés des capacités à
délibérer et à décider par eux-mêmes (*prohairesis*),
les esclaves ne sauraient former une cité, ni prétendre

à la vertu et à la vie heureuse, et ce, même dans une constitution parfaite (*Pol.* III 9 ; VII 9).

La pluralité de la cité

Qu'est-ce qu'une cité ? On a coutume, pour distinguer Aristote de la philosophie politique moderne, de lui attribuer une conception de la Cité comme totalité antérieure à ses parties. La modernité, dans sa tradition contractualiste, concevrait au contraire les individus comme logiquement et méthodologiquement antérieurs à leur rassemblement dans l'État. De là s'ensuivraient deux modèles, celui de la communauté et celui de l'association : l'un où le sort du tout l'emporterait sur celui de ses parties (comme dans une équipe de football), l'autre, virtuellement accompagné d'une éthique anti-sacrificielle, affirmant le primat de l'individu (comme dans un cabinet de médecins s'associant pour réduire leurs coûts de fonctionnement). À vrai dire, la position d'Aristote est plus complexe que ce supposé holisme.

Que la cité soit « par nature antérieure à la famille et à chacun de nous » est une thèse explicite de la *Politique* (I 2, 1253a19). Conformément aux sens aristotéliciens de l'antériorité (*Met.* Δ 11), l'antériorité naturelle de la cité découle de ce que la disparition de l'une de ses parties n'entraîne pas celle du tout. Mais cette thèse n'implique pas un sacrifice du bien de la partie (le citoyen) au profit du bien de la totalité (la cité). Assurément, Aristote peut aller jusqu'à dire qu'« aucun citoyen ne s'appartient à lui-même » (*Pol.* VIII 1, 1337a28). Cependant, cette affirmation, d'une part, ne doit pas faire oublier l'essentielle liberté attachée au statut de citoyen et le fait qu'un être libre est « en vue de lui-même » (*Met.* A 2, 982b26). D'autre part, Aristote mentionne, juste après, la nécessaire corrélation entre « le soin de la partie » et le « soin du tout » (*Pol.* VIII 1, 1337a29-30). Il y a identité entre la fin pour l'homme pris individuellement et celle pour l'homme pris dans la collectivité (*Pol.* VII 15). La thèse de l'antériorité rappelle ainsi la nécessité d'une cité en vue de l'accomplissement de l'être humain. En raison de l'identité des fins, l'association politique est une situation gagnant-gagnant, et non un jeu à somme nulle. S'il y a conflit entre le bien de la cité et celui d'un citoyen, il ne peut provenir que d'une confusion du citoyen entre son bien apparent et le bien réel, ou d'une mauvaise constitution de la cité.

Mais cette identité des fins ne conduit-elle pas à nier tout pluralisme au sein de la cité ? Aristote s'efforce ardemment, dans une discussion avec Platon, de faire droit à la « pluralité » inhérente de la cité (*Pol.* II 2). Aristote peut à bon droit passer pour le premier philosophe du politique en ce qu'il conceptualise la spécificité de l'association politique. Du point de vue d'Aristote, Platon continue de concevoir l'association politique selon le modèle de la famille. Or la différence entre la cité et la famille réside dans leurs degrés respectifs d'unité. Parce que l'existence de la cité résulte d'une « décision » commune de vivre ensemble en vue du bien (*Pol.* III 9), la cité requiert certes une forme d'unité. Mais Aristote refuse la thèse platonicienne selon laquelle il n'y a pas de plus grand bien, pour la cité, que l'unité comme telle.

Une cité est nécessairement composée d'individus dissemblables. Parmi ces dissemblances, il y a celles entre les différentes familles composant la cité, mais aussi les différences de positions sociales, de revenus ou de fonctions (*Pol.* IV 3). Chercher à réduire ces différences ne peut que détruire *in fine* la cité comme telle (*Pol.* II 2).

Il n'y a donc pas, entre une famille et une cité, qu'une différence de degrés d'unité, mais bien de nature : aux dissemblances constitutives de l'unité politique, il faut ajouter l'égalité entre les citoyens et l'alternance des positions de gouvernants et de gouvernés, qui n'existent pas dans la famille – on n'imagine pas une famille dans laquelle les enfants prendraient à tour de rôle la place des parents. Afin de respecter cette unité articulée qui supporte la dissemblance de ses parties, Aristote promeut, contre le Socrate de la *République*, le maintien de la propriété privée et refuse la communauté des femmes et des enfants (*Pol.* II 3-5).

Mais, précisément, en ouvrant ainsi la cité à une pluralité qui en serait constitutive, peut-on encore en penser l'unité ? Si l'unité n'est pas, en tant que telle, un bien pour la cité, il reste qu'Aristote est conscient du risque de destruction qu'engendrent dissensions et séditions (*staseis*). Ces conflits sont au premier chef ce qu'on pourrait appeler anachroniquement des conflits de classes : les pauvres contre les riches, et inversement, ou bien les oligarques contre les démocrates (*Pol.* V 1). Ce qui cause ces conflits est que chaque classe sociale construit sa propre définition de la justice et de l'égalité, en sorte que la *stasis* repose sur un conflit des valeurs (*Pol.* III 9). Le pluralisme axiologique est ici conçu comme ce qui met en danger la stabilité de la cité et sa « préservation » (*Pol.* V 8). Ces conflits ou séditions ne sont au fond qu'autant de conséquences de l'essentielle pluralité de la cité : « toute différence produit un désaccord » (*Pol.* V 3, 1303b14).

Le problème central de la science politique est donc à nouveau celui de l'un et du multiple. Définir la cité comme une pluralité, c'est indiquer que la tâche du politique consiste à satisfaire deux exigences contradictoires : d'une part l'unité, sous la forme de la stabilité et de la préservation de la cité ; d'autre part, la multiplicité qui fait la spécificité de la cité par différence d'avec la famille.

Précarité de l'unité politique

La réponse d'Aristote à ce problème est complexe, ne serait-ce que parce qu'on peut distinguer, chez lui, une réflexion sur la cité parfaite, qu'il appelle de ses vœux (*Pol.* VII 4), de celle sur une constitution certes « excellente » mais « possible », car conforme à ce que sont la majorité des hommes (*Pol.* IV 11). Plus, même : la *Politique* ne se contente pas d'identifier une seule constitution à la fois excellente et possible, mais trois : la royauté, l'aristocratie et ce qu'on appelle « gouvernement constitutionnel » ou « politie » (pour traduire *politeia*, qui est aussi le terme désignant les constitutions en général). À ces trois constitutions droites correspondent trois déviations : la tyrannie, l'oligarchie et la démocratie (*Pol.* III 7).

En se concentrant sur les « constitutions », la réflexion d'Aristote s'inscrit dans une approche qui se lit déjà chez Platon, mais aussi chez d'autres auteurs de son temps comme Xénophon, Isocrate ou Eschine. Le Lycée a systématisé ce travail de classement des constitutions et d'enquêtes empiriques sur les régimes existants, en n'en étudiant pas moins de 158. Chez Aristote, l'étude de la constitution se justifie en ce qu'elle est la « forme » de la cité : en tant que principe d'identification et de subsistance de la cité, elle est comme un cours d'eau qui reste le même, quoique l'eau s'écoule (*Pol.* III 3). C'est la constitution qui caractérise le type de régime politique en définissant qui est citoyen et qui peut accéder au pouvoir. De la qualité de la constitution dépend aussi la qualité des lois (*Pol.* III 11).

Chaque constitution se distingue donc par sa distribution de la citoyenneté et du pouvoir politique, ce qu'Aristote appelle aussi « l'organisation des diverses magistratures et surtout de celle qui est souveraine entre toutes » (*Pol.* III 6, 1278b9-10). Les deux aspects sont liés puisqu'est citoyen celui qui peut participer aux affaires publiques (*Pol.* III 1) – par quoi, suivant les idées de son temps, Aristote exclut une bonne partie des habitants de la cité : femmes, étrangers, esclaves, et même artisans et paysans, dont la vie est guidée par la recherche du profit et non par le bien commun (*Pol.* III 5 et VII 9). Il y a donc royauté ou tyrannie quand le pouvoir est exercé par un seul ; oligarchie ou aristocratie quand il est exercé par un petit groupe (des plus riches, dans le premier cas, des plus vertueux dans le second) ; démocratie ou politie quand il est exercé par la majorité (la classe la plus modeste dans le premier cas, la classe moyenne dans le second).

Les constitutions déviées ont toutes en commun d'être injustes, en ce qu'elles organisent la confiscation du bien commun au profit d'un seul ou d'une classe particulière, et au détriment des autres. Mais l'injustice et l'instabilité qui en découle ne sont pas également réparties dans les constitutions déviées. Les constitutions déviées peuvent être hiérarchisées et la démocratie est vue comme la moins injuste et la moins instable des trois (*Pol.* IV 11 et V 1). La raison en est que la classe moyenne y est plus importante et a davantage part au pouvoir, ce qui assure une meilleure répartition ou, plus exactement, une moindre confiscation du pouvoir. Les constitutions droites, en revanche, ont toutes en commun de viser l'intérêt général. La question de savoir jusqu'où s'étend cet intérêt général, s'il ne vaut que pour les citoyens ou tous les habitants de la cité, divise les interprètes. Aristote semble parfois l'étendre à tous les habitants de la cité (*Pol.* VII 1-2), d'autres fois le restreindre aux citoyens (par exemple dans sa critique de Platon en *Pol.* II 5).

De façon plus générale, il apparaît surtout qu'Aristote ne tranche pas entre les trois constitutions excellentes : elles sont toutes justes en ce qu'elles confient le pouvoir à ceux qui le méritent. Or sont fondés à exercer le pouvoir ceux qui savent se déprendre de leur intérêt privé pour viser le bien de tous. C'est là ce qu'Aristote appelle la vertu politique : les qualités des citoyens qui concourent à la préservation de la constitution et garantissent son utilité commune (*Pol.* III 4). Suivant, donc, le degré selon lequel une telle vertu politique est répandue parmi les citoyens, la constitution juste peut être la monarchie, l'aristocratie ou la politie. Dès lors, la pluralité des constitutions droites peut être considérée comme indépassable, car dépendante des circonstances (*Pol.* VII 8, 1328a41-b2).

Le traité offre ainsi une solution plurielle au problème de la pluralité inhérente à la cité. Dans les constitutions droites, la visée du bien commun est à même de garantir la stabilité et l'unité de la cité (*Pol.* V 8). Mais cette unité n'est pas et ne peut être de type familial ; elle doit être une unité qui respecte la pluralité essentielle de la cité et la dissemblance des citoyens. C'est pourquoi, même dans une constitution excellente, les conflits ne sauraient disparaître absolument. D'une part, parce qu'Aristote n'envisage pas une société sans classes : une cité ne peut pas n'être composée que d'indigents (*Pol.* III 12).

Or la division des classes est intrinsèquement source de conflits. D'autre part, Aristote mentionne, ici ou là, les conflits que peuvent engager même les citoyens les plus vertueux, quoique ce soient eux qui en provoquent « le moins » (*Pol.* V 1). C'est dire combien, même dans le meilleur des cas, l'unité de la cité aristotélicienne est dynamique. À la vulnérabilité inhérente aux affaires humaines répond la précarité de l'unité politique.

Il revient à l'exercice collectif du *logos* humain de surmonter cette précarité, comme le montre la théorie aristotélicienne de la délibération. Avec la fonction judiciaire, la délibération est ce qui constitue la participation du citoyen à la vie de la cité (*Pol.* III 1 et IV 14) et en fait un authentique sujet politique. Suivant les types de constitutions, la délibération citoyenne est plus ou moins étendue, plus ou moins encadrée (*Pol.* IV 14). Ainsi, malgré les critiques adressées à l'encontre du régime démocratique, Aristote reconnaît que sa supériorité à l'égard de l'oligarchie, par exemple, réside dans l'extension de la délibération, qui devient meilleure parce que « tous délibèrent en commun » (1298b20). Entre les activités judiciaire et délibérative, la seconde peut dès lors être qualifiée de « souveraine » dans la constitution (*Pol.* IV 14 et VI 1). Non pas seulement parce que l'extension du champ de la délibération permet de distinguer les constitutions entre elles. Mais surtout parce que la délibération, « œuvre de l'intelligence politique » (1291a28), est définitoire de la vie politique en général. C'est pourquoi une tyrannie, qui réduit à rien l'activité délibérative, peut à peine être tenue pour une constitution (*Pol.* III 3 et IV 2). C'est aussi pourquoi l'institution d'une cité, jusque dans ses aspects les plus matériels, doit tenir compte des conditions de possibilité de la délibération, par exemple la circulation du *logos*. Aristote prend le contre-exemple de la prise de Babylone, qui mit plus de trois jours à être connue de toute la cité (*Pol.* III 3). Inversement, pour qu'une cité fonctionne au mieux, le nombre de citoyens doit être assez limité en sorte que tous se connaissent et puissent exercer en commun le pouvoir politique (*Pol.* VII 4). Cette valorisation de la délibération est une conséquence directe du lien entre la possession par l'homme du *logos* et sa nature politique.

L'exercice commun du *logos* permet en effet aux citoyens de se déprendre d'une vue trop étroite et intéressée du juste, comme celles qui règnent chez les démocrates ou les oligarques et qui font le ciment de leurs conflits. La délibération a précisément pour vocation de discerner ce qui est juste à l'occasion des désaccords (*Pol.* IV 4). Dans un chapitre très discuté (*Pol.* III 11), Aristote va même jusqu'à affirmer qu'il est possible qu'une assemblée de nombreux individus non vertueux soit meilleure qu'un petit groupe de vertueux. Chacun possédant une part de sagesse pratique, la mise en commun finit par l'emporter en excellence. La différence entre les individus n'est plus ici source de conflit, mais de complémentarité. Par-delà les doutes qui entourent la portée de ce chapitre, il reste qu'il fait écho à d'autres indications laissées dans la *Politique* comme dans les *Éthiques*. Plus que la peut-être trop célèbre amitié politique, c'est en réalité la concorde (*homonoia*) qui, d'après Aristote, est avant tout recherchée par les législateurs (*EN* VIII 1). Cet accord intellectuel ne peut désigner l'intimité que partagent les amis vertueux qui, selon le proverbe que reprend Aristote, ne forment plus « qu'une seule âme » (*EN* IX 8, 1168b7). La concorde règne quand il y a accord des citoyens à la fois sur les fins et les moyens de l'action politique (*EN* IX 6) et Aristote prend des exemples similaires à ceux dont il se sert, dans la *Politique*, pour illustrer les objets de la délibération – par exemple l'alliance avec telle cité. Si Aristote est très peu disert quant à l'amitié et à la concorde dans la *Politique*, il reste que ces deux notions enveloppent le souci réciproque que les citoyens doivent avoir les uns pour les autres (*Pol.* III 9) et ce que Kant appellera « mentalité élargie » qui se fait jour dans et par la délibération.

Mais viser la concorde ne signifie pas que la politique puisse trouver sa finalité dans une unité et une stabilité définitivement acquises. Si l'on a raison de lier la concorde à la délibération, c'est dire que l'unité et la stabilité politique sont le fruit d'une activité constante. La politique rejoint ici la physique : les humains sont ceux des êtres naturels dont la vie est affectée par la plus grande diversité des mouvements nécessaires en vue de rejoindre leur bien. Leur vie pratique hérite de cette essentielle mobilité. C'est en assumant cette pluralité, qu'il y a espoir, pour les êtres humains, d'accéder au bonheur.

LES ŒUVRES PRINCIPALES

LE CORPUS ARISTOTÉLICIEN

Son histoire

À bien des égards, les ouvrages conservés par la tradition du corpus aristotélicien diffèrent des œuvres complètes de Descartes ou de Kant. Nous ne lisons pas les écrits d'Aristote. Nous n'avons conservé aucun manuscrit de la main d'Aristote, ni même de son cercle direct. Ce que nous lisons, ce sont des copies de copies de copies… Dans le meilleur des cas, celui des papyrus, nous héritons de textes transcrits plus de deux siècles après la mort d'Aristote : il existe ainsi une version de la *Constitution d'Athènes* vieille du I er siècle de notre ère ; une copie de la *Rhétorique* daterait même du I er siècle *avant* notre ère. Mais cette situation est rare. En réalité, du bon millier de manuscrits des textes d'Aristote, les plus anciens remontent à la Renaissance byzantine du IX e siècle. Les écrits que nous prenons pour « d'Aristote » sont le résultat des patients travaux des savants du Moyen Âge et des éditeurs modernes pour s'approcher au plus près du texte-source.

Le cas d'Aristote a encore ceci de propre, par rapport à Platon, que nous ne lisons pas les écrits qu'il avait lui-même destinés à la publication. Le corpus qui nous a été transmis mentionne à plusieurs reprises des textes « exotériques », destinés à circuler publiquement, traitant par exemple de l'âme ou des différentes sortes de pouvoirs politiques (mentionnés en *EN* I 13 ou *Pol.* III 6). Depuis l'Antiquité, on a coutume de distinguer entre ce genre de textes, qu'on pourrait appeler de vulgarisation, et les écrits « ésotériques » ou « acroamatiques » (deux termes qui ne sont pas d'Aristote), c'est-à-dire destinés à un cercle restreint d'auditeurs. À peu de choses près, notre corpus aristotélicien se compose de ce dernier type de textes, quand les écrits exotériques ne nous sont plus connus que par bribes. Nous avons donc perdu une large partie de l'œuvre d'Aristote. Les catalogues antiques de son œuvre laissent supposer que nous en avons conservé moins d'un tiers.

Ces textes exotériques ont pourtant continué à circuler après la mort d'Aristote, au-delà du seul cercle du Lycée. Plusieurs d'entre eux avaient la forme de dialogues philosophiques, par exemple *Eudème ou de l'âme*, ou *De la philosophie*. C'est sans doute à leur sujet que Cicéron loue le « fleuve d'or de l'éloquence » d'Aristote. Son style peut d'ailleurs aussi s'apprécier dans le poème qu'il a rédigé à la gloire du tyran Hermias. Certains de ces textes exotériques sont encore connus, au tournant des II e et III e siècles de notre ère, du commentateur aristotélicien Alexandre d'Aphrodise. Mais, pour ce dernier, ils ne constituent pas le cœur du corpus aristotélicien.

Entre Cicéron et Alexandre, il faut prendre en compte le travail d'Andronicos de Rhodes, onzième chef du Lycée, actif au I er siècle avant notre ère. L'idée courante d'une édition romaine d'Aristote par Andronicos doit être nuancée. Mais deux sources (Plutarque et Porphyre) nous indiquent qu'Andronicos a « rendu public » un

« catalogue » des œuvres d'Aristote et qu'il a mis en ordre les différents traités qui forment notre corpus – comme dans le cas de l'*Organon*. Rien n'indique en revanche, comme on l'a parfois supposé, qu'il serait allé jusqu'à rassembler certains textes pour composer les traités tels que nous les connaissons.

Les traités ésotériques d'Aristote sont en effet composés de « livres », qui correspondent à une portion de texte écrite sur un rouleau de papyrus. Ainsi l'*Éthique à Nicomaque* nous est-elle parvenue formée de 10 livres et, dès l'époque d'Alexandre d'Aphrodise, la *Métaphysique* comptait 14 livres. En l'état actuel de nos connaissances, il reste tout à fait plausible que cette composition des traités soit de la main d'Aristote – et non pas d'Andronicos. Mais l'unité minimale du corpus, ce sont bien ces livres, qui présentent souvent une cohérence interne, visible en ce que le livre commence en annonçant le sujet qui sera traité, puis, éventuellement, en énonçant le plan. Bien plus tard, à la Renaissance, ces livres seront subdivisés en chapitres. Le lecteur qui commence à lire Aristote doit donc se rappeler que ces chapitres, pas plus que les paragraphes, ne sont de la main de leur auteur.

(Il est à noter que, depuis l'édition du philologue Immanuel Bekker au XIXe siècle, on se réfère couramment aux numéros des pages, suivis de la lettre de la colonne (a ou b), puis du numéro de la ligne. Ainsi, « *De Anima* III 4, 429a10 » signifie : la ligne 10, colonne a, page 429 du texte grec édité par Bekker, du livre III, chapitre 4, du traité *De l'Âme*. Ces références sont internationalement utilisées dans toutes les bonnes traductions.)

Sa forme

Que sont ces textes « ésotériques » ? Rien qui ait à voir avec la magie ou le secret, mais, donc, des écrits initialement destinés à un cercle plus restreint. De là on infère souvent qu'il s'agissait de « notes » des cours qu'Aristote donnait au Lycée. C'est, en réalité, une simplification. L'effort de composition globale qui caractérise nombre de traités est peu compatible avec de simples notes préparatoires. Les renvois internes des traités entre eux témoignent d'un usage conscient de l'écrit comme support d'une œuvre, destinée à un lecteur qui peut se reporter à un autre traité, pour dispenser Aristote de trop longs rappels ou de certaines digressions.

Assurément, certains textes sont marqués par l'ellipse, l'implicite et un style aride ; ils laissent deviner le travail de développement requis par l'exposition orale. Il en va ainsi des passages qui se réfèrent à des schématisations, par exemple ceux des syllogismes dans les *Premiers Analytiques*, ou le tableau des vertus dans l'*Éthique à Nicomaque* (*EN* II 7). Mais le corpus présente aussi des textes manifestement soignés, plus diserts, comme l'ouverture des *Parties des animaux*. Et à plusieurs reprises, Aristote renvoie explicitement à son *Histoire des animaux* comme à un « écrit » (*GA* 728b12-14, 750b31…).

Le fond de cette affaire est qu'il ne faudrait pas réduire la distinction entre textes exotériques et ésotériques à notre démarcation moderne entre écrit et oral. Le rapport des Anciens à l'écrit et à l'oral diffère du nôtre. La pratique de la lecture silencieuse et solitaire est postérieure à l'Antiquité classique, dans laquelle « lire » signifie d'abord *dire* à voix haute devant un public, si bien qu'en grec, le même champ lexical de l'audition (*akroasis, akroatès*...) peut aussi désigner l'activité de la lecture.

En définitive, les écrits ésotériques ont surtout en commun ce trait négatif : Aristote ne les prévoyait pas pour une large diffusion. De là, les possibilités sont ouvertes et variées : certains de ces textes ont pu être des conférences, par exemple à destination des académiciens (*Métaphysique* A, au moins en partie). D'autres ont une visée plus didactique ou pédagogique (l'*Éthique à Nicomaque*). D'autres, enfin, ont dû s'adresser à ses collaborateurs plus avancés et ressembler, par exemple, à ces écrits préparatoires qu'encore aujourd'hui on fait circuler, par avance, aux participants d'un séminaire, pour préparer et nourrir la discussion.

Ces traités ont aussi en commun de se présenter dans une prose argumentative, assez proche de ce que nous pouvons pratiquer aujourd'hui en philosophie. À la différence de Platon, Aristote n'écrit pas sous forme dialoguée ou poétique. Pour autant, la prose aristotélicienne n'a pas perdu la dynamique dialogique propre à Platon. De ce dernier, il reprend la caractérisation de la pensée comme dialogue avec soi-même et exercice d'argumentation contradictoire (*Top.* VIII 14). Quoiqu'elle ne mime plus ce dialogue, la prose aristotélicienne en émane toujours. Elle le fait parfois même plus explicitement que chez Platon, lorsqu'elle met en scène sa discussion des pensées qui l'ont précédée et qu'elle les fait dialoguer entre elles (*Phys.* I ; *DA* I ; *Met.* A...). Mais la méthode prend désormais le pas sur l'artifice littéraire.

L'écriture philosophique n'a plus à emprunter les voies détournées du mythe ou de l'allégorie. Aristote fustige même en ce sens Platon pour s'être laissé entraîner sur la pente de métaphores (par exemple *Met.* A 9), ou encore Empédocle pour avoir recouru à la poésie et aux « ambiguïtés » de style, marque de ceux « qui n'ont rien à dire ou feignent de dire quelque chose » (*Rhet.* III 7). Ce qui pourrait passer pour un appauvrissement de son régime discursif va durablement marquer la manière de pratiquer la philosophie, en hissant l'expression directe et la clarté au rang de valeurs formelles.

Pourtant, depuis l'Antiquité, le style d'Aristote a mauvaise réputation sous cette perspective : même les péripatéticiens reconnaissent parfois son obscurité. Pour le comprendre, il faut rappeler le trait négatif qu'ont en commun les textes ésotériques. Aristote n'a pas apposé sur ces œuvres de « bon à tirer », qui viendrait figer un texte dans son ultime version. La *Métaphysique* ou l'*Éthique à Nicomaque* n'ont ainsi que très peu à voir avec les *Méditations métaphysiques* de Descartes ou la *Critique de la Raison pratique* de Kant. Le corpus aristotélicien nous donne à lire une pensée en train de se faire, en train de se former et de se reformer, qui reprend des questions, réélabore des thèses, affine ses arguments. Les doublets ne sont pas rares et il s'agit moins d'accidents de transmission que de la marque même de ce corpus en constante construction. L'ordre de tel passage laisse imaginer comme une notation marginale d'un Aristote revenant après coup sur son propos, rendant le rythme du texte plus heurté qu'à l'origine (par exemple en *Met.* A 8, quand il discute Empédocle).

Système et évolution

Ce qui nous reste des écrits d'Aristote est suffisant pour faire voir une philosophie se déployant sur le temps long d'une vie. De là vient aussi l'une des difficultés majeures pour tout lecteur d'Aristote : le corpus présente, de prime abord, certaines contradictions assez massives. Entre autres exemples, Aristote paraît tour à tour affirmer qu'une définition peut être démontrée, et que c'est impossible (par exemple, *Top.* VII 3 et *A. Po.* II 3). Il semble soutenir que le couronnement de la vie humaine se situe à la fois dans la pratique de la vertu éthique, et dans la vie passée à l'étude théorique (*EN* I et X). Quant à la philosophie première, que la tradition nommera « métaphysique », est-elle cette science de l'être en tant qu'être (*Met.* Γ 1), ou bien celle de la substance (Z 1), ou encore d'un genre de substances, celles qui sont immobiles et éternelles (E 1) ?

Ces difficultés ont conduit la recherche du XXe siècle à s'enquérir d'une évolution de la pensée d'Aristote. Ces tentatives (par exemple celle de W. Jaeger), rassemblées sous le nom d'interprétations « génétiques », permettent de dissoudre les apparentes contradictions du corpus, en les attribuant à différentes périodes de la pensée d'Aristote. Autrement dit, si deux thèses T1 et T2 se contredisent, ce serait parce qu'Aristote aurait d'abord pensé T1, puis se serait ravisé en faveur de T2. Ce faisant, on délaissait l'idée d'un « système » aristotélicien figé et définitif, d'une doctrine immuable et constante, se manifestant à l'identique en chaque portion du corpus.

Il est certain qu'Aristote n'a pas écrit tous ses textes d'un seul souffle. Le problème est que, pour retracer cette supposée évolution dans le corpus, nous ne disposons d'aucun critère extérieur fiable (par exemple la référence à tel événement historique). Nous devons donc nous contenter de critères internes, c'est-à-dire d'éléments de doctrine. Mais de tels éléments, parce qu'ils reposent sur des thèses interprétatives substantielles, demeurent discutables. Ainsi en est-il allé de la tentative de W. Jaeger, qui a été abondamment remise en question, d'après laquelle le jeune Aristote était encore sous la coupe de son maître et qu'avançant en âge, il s'en serait progressivement émancipé.

Le lecteur contemporain ne peut donc pas se raccrocher à une chronologie du corpus. Un conseil pour le lecteur découvrant Aristote serait donc, d'abord, de s'en tenir au texte précis qu'il a sous les yeux. Avant de chercher à tisser des liens entre des pans distincts du corpus, on doit considérer l'extrait qu'on a devant soi dans sa singularité, en examinant sa structure argumentative. Le conseil paraît de bon sens, mais au vrai, il n'a pas toujours été suivi, y compris par de valeureux aristotéliciens (Alexandre d'Aphrodise ou, dans un autre genre, Thomas d'Aquin), occupés à « expliquer Aristote à partir d'Aristote » en vue de reconstituer le système idéal de la doctrine aristotélicienne.

Pour éviter la systématisation forcée sans recourir à la chronologie, il faut donc en premier lieu faire droit à la spécificité du problème posé, par tel texte, tel argument, en tel lieu du corpus. C'est dans l'intention de faire droit à ces singularités qu'on a conçu les remarques qui vont suivre.

L'*ORGANON*

Les ouvrages logiques d'Aristote ont été, dès l'Antiquité, rassemblés sous l'appellation « *Organon* », c'est-à-dire « instrument ». Quoique cette appellation ne soit pas d'Aristote, elle indique correctement le statut non-scientifique de ces traités. Par logique, il faut ici entendre une théorie formelle du raisonnement, mais aussi une doctrine de la science et des structures élémentaires du langage en tant qu'ils renvoient aux structures élémentaires des choses – bref, tout ce qui a trait au *logos* dans ses sens de discours, argumentation et raison. Or l'idée que ces traités logiques aient vocation à servir d'instruments pour les sciences n'est pas étrangère à Aristote. La dialectique, par exemple, est effectivement dite développer des compétences « utiles » au scientifique (*Top.* VIII 14).

Cet ensemble est généralement tenu pour contenir : les *Catégories*, *De l'Interprétation*, les *Premiers* et les *Seconds analytiques*, les *Topiques* et les *Réfutations sophistiques*. Les commentateurs antiques qui ont établi cet ordre traditionnel ont orienté tous ces traités vers la construction de raisonnements. Leur idée est que les *Catégories* étudient les termes simples ou les prédicats ; le *De l'Interprétation*, les propositions ou prémisses ; les *Premiers Analytiques*, les syllogismes en général : les *Seconds Analytiques*, les syllogismes scientifiques ; les *Topiques*, les syllogismes dialectiques ; les *Réfutations sophistiques*, les syllogismes éristiques ou sophistiques. On passe donc des éléments des raisonnements (les termes et les prémisses contenant ces termes) aux raisonnements eux-mêmes et à leurs différentes espèces. Cet ordre met au jour une caractéristique importante de la logique aristotélicienne : c'est une logique des termes, au sens où ses éléments premiers sont des termes simples (sujets ou prédicats), et non des propositions.

Il y a là, à l'évidence, un lissage du corpus, un peu trop beau, ou trop scolaire, pour être vrai. Il est peu probable qu'Aristote ait rédigé tous ces traités avec un projet unique en tête. Par exemple, les *Analytiques* ne font jamais référence aux *Catégories*, alors que des liens forts unissent ces dernières aux *Topiques* (voir, entre autres, *Top.* I 9). D'ailleurs, les *Catégories* ont certainement une portée plus large qu'une théorie des éléments des syllogismes. Le traité met en effet au jour une certaine structure du réel – à savoir, au premier chef, son organisation substantielle. La distinction sujet – prédicat qui y est élaborée promeut une ontologie substantialiste, c'est-à-dire une conception de la réalité comme fondamentalement peuplée d'individus substantiels et porteurs de propriétés.

Toutefois, si l'interprétation traditionnelle crée un plan artificiel, l'idée d'une théorie générale des raisonnements n'est, au fond, pas insensée et elle ressort d'autant mieux dès que l'on met en perspective le projet aristotélicien. L'une des avancées majeures de la logique aristotélicienne repose en effet dans sa théorie formelle des raisonnements et notamment du « syllogisme », comme le montrent les *Premiers Analytiques*.

Les *Analytiques*

Chez Platon, la construction du raisonnement est inséparable du contexte dialogique et suppose toujours l'assentiment de l'interlocuteur. Cela ne signifie bien sûr pas qu'en droit, pour Platon, la vérité objective dépende de l'accord des individus, mais c'est toutefois ainsi qu'en fait, les dialogues peuvent progresser.

Chez Aristote, en revanche, sont mises au jour des procédures de contrôle du discours qui ne supposent plus la présence effective d'autrui. Comme chez Platon, la construction du raisonnement reste considérée comme une opération d'abord mentale. Ainsi le « syllogisme » est-il un type de raisonnement réputé pour la fermeté de la conviction que, dans des conditions idéales, il entraîne. Le terme grec de « syllogisme » ne renvoie pas d'abord à un schéma abstrait, mais à l'action mentale de tirer une conclusion qui s'ensuit nécessairement à partir d'au moins deux prémisses. De là vient que certains traducteurs préfèrent rendre le grec *sullogismos* par « déduction », qui fait mieux entendre cette action. La nécessité formelle reliant les prémisses à la conclusion est ce qui produit la force de conviction du syllogisme. Cette caractérisation du syllogisme (ou de la déduction) constitue l'un des fils rouges de la logique aristotélicienne : la même définition en est donnée dans les premiers chapitres des *Premiers Analytiques* (I 1), des *Topiques* (I 1) et des *Réfutations sophistiques* (1).

La validation des raisonnements visant le vrai s'effectue désormais en vertu de certaines procédures objectives ; elle n'est plus cantonnée à la situation du dialogue. C'est pourquoi dès leur premier chapitre, les *Premiers Analytiques* circonscrivent la question de la discussion à la seule dialectique. Même si je suis seul dans mon bureau, à élaborer un syllogisme, même sans un interlocuteur pour me lancer un « Par le chien, le crois-tu ? », je peux désormais mettre à l'épreuve la validité de mon raisonnement. Avec Aristote, la logique peut se passer d'un Socrate.

C'est donc à bon droit qu'on considère avoir affaire ici à la première élaboration d'une logique formelle. À la différence des prémisses dialectiques dans les *Topiques*, les règles des *Premiers Analytiques* sont neutres à l'égard du contenu des prémisses. Ce qui importe pour évaluer telle déduction, ce sont : la position des termes (sujet ou prédicat), la quantité associée aux termes (universel ou particulier), la qualité des propositions (affirmative ou négative) et leurs modalités (nécessaire, contingente ou possible). Bref, autant d'éléments structurels. L'usage par Aristote de lettres pour remplacer les termes d'une déduction illustre le plus clairement possible cette formalisation.

C'est également manifeste dans la distinction opérée, dans les *Premiers Analytiques*, entre trois figures de syllogismes, et qu'Aristote semble tenir – à raison – pour une avancée majeure. Cette distinction s'effectue selon la position du moyen-terme, c'est-à-dire le terme commun aux deux prémisses. Dans la première figure, le moyen-terme est sujet d'une prémisse et prédicat de l'autre. Soit trois termes, A, B et C, où B est le moyen. Selon la première figure : A se dit de tout B ; B se dit de tout C ; A se dit de tout C. Ici, « se dire de » signifie : 'être attribué à', ou 'être le prédicat de'. En reformulant un exemple dans un langage plus naturel : tout mammifère (B) est un animal (A) ; or tout chien (C) est un mammifère (B) ; donc tout chien (C) est un animal (A). Dans la seconde figure, le moyen-terme est prédicat des deux prémisses. Par exemple : aucun chien (A) n'est capable de voler (B) ; Jonathan Livingston (C) est capable de voler (B) ; Jonathan Livingston (C) n'est pas un chien (A). Et dans la troisième figure, le moyen est sujet dans les deux prémisses : tous les humains sont capables de rire ; certains

humains sont philosophes; certains philosophes sont
capables de rire. Toute la première partie des *Premiers
Analytiques* (I 1-26) travaille à découvrir et à justifier
cette distinction entre les trois sortes de syllogismes.

Aristote n'élabore pas cette tripartition pour le plaisir
de faire des distinctions, mais parce que chacune implique
un certain de type de règles de validité, présentées
au premier livre des *Premiers Analytiques*. Soit, par
exemple, deux prémisses du type : aucun chien n'est
capable de voler; aucun chien n'a écrit la *Métaphysique*.
Il est en fait impossible d'élaborer un syllogisme à partir
de deux prémisses négatives, et l'on ne saura donc rien
sur l'auteur de la *Métaphysique*. De même avec deux
prémisses telles que : certains élèves ont séché le cours
(proposition particulière affirmative); un professeur n'est
pas un élève (universelle négative), dont on ne peut rien
déduire (rien n'empêche que le professeur ait aussi séché
le cours).

En appliquant ce type de théorèmes, Aristote finit par
dégager 14 types de syllogismes concluants dans les trois
figures. La tradition médiévale a donné de petits noms
à ces syllogismes, en partant des lettres attribuées aux
propositions selon leur qualité et leur quantité. Ainsi,
une proposition universelle affirmative est A; une
universelle négative, E; une particulière affirmative, I;
une particulière négative, O. Un syllogisme constitué de
trois propositions universelles affirmatives, par exemple,
est traditionnellement appelé « Barbara » (AAA).

Une des procédures centrales pour évaluer une
déduction quelconque consiste à tester sa réduction aux
déductions parfaites de la première figure (*A. Pr.* I 7 et
45). Sans entrer ici dans le détail, il convient de souligner
l'efficacité et l'intérêt de cette procédure de réduction,

qui témoigne du geste de formalisation et donc aussi de simplification propre aux *Analytiques*. C'est justement l'un des sens du terme même d'« analyse », qui donne son titre aux *Analytiques* (*A. Pr.* I 31, 47a4) et qu'Aristote doit sans doute emprunter, en ce sens, à la géométrie de son temps (*EN* III 5).

Cette visée formelle doit toutefois être nuancée. La logique aristotélicienne n'est pas un instrument doctrinalement neutre, qui se rendrait compatible avec n'importe quelle position philosophique. Elle est, de fait, *engagée* dans l'univers aristotélicien comme dans sa propre théorie de la science.

Un premier indice de cet engagement réside dans la dimension heuristique de sa théorie de la déduction, comme de celle de la science. Aristote ne se contente pas d'exposer des règles formelles et abstraites de validité d'un syllogisme ou d'une démonstration scientifique. Il ne se contente pas non plus de réfléchir à l'application du modèle abstrait dégagé dans la première partie des *Premiers Analytiques*, en sorte de tester cette structure générale des déductions dans les déductions réelles – ce qui resterait cohérent avec l'élaboration d'une logique formelle. Plus que cela : il s'intéresse à la façon dont nous pouvons concrètement construire des déductions. En plus d'offrir une théorie normative, la logique fournit aussi des outils pour inventer de nouveaux raisonnements. C'est clair dans la deuxième partie des *Premiers Analytiques*, de I 27 à la fin du livre II. Les chapitres I 27-31, notamment, développent un dispositif permettant de découvrir le moyen-terme d'une déduction donnée. À cette fin, Aristote enjoint d'établir des listes – par exemple la liste des attributs essentiels d'une substance ou de tous ceux qui lui sont coextensifs, par opposition aux attributs seulement accidentels. C'est en confrontant de telles listes qu'on peut trouver le moyen-terme et bâtir de nouvelles déductions.

Cet intérêt pour l'heuristique s'observe dans la théorie de la science élaborée dans les *Seconds Analytiques*. La question de la découverte du moyen-terme s'y poursuit. La science consiste en la découverte des causes des phénomènes : dans le syllogisme scientifique au sens strict (ou « démonstration »), le moyen-terme est la cause, qui permet de rendre raison du phénomène décrit en conclusion. Par exemple : si la vigne est une plante caduque, c'est parce que sa sève se solidifie en hiver (*A. Po.* II 16-17). Mais comment découvre-t-on la cause propre d'un phénomène ? Une première réponse d'Aristote est que cette découverte requiert une qualité du sujet connaissant : la « vivacité d'esprit » (*A. Po.* I 34), qui désigne la capacité à « vite comprendre » la cause d'un phénomène. On l'a vu : la science désigne d'abord un type d'état mental. Examiner ce qu'est la science, c'est donc aussi enquêter sur les dispositions d'esprit propres au sujet connaissant. Mais la découverte du moyen-terme suppose aussi une méthode. Ainsi le livre II des *Seconds Analytiques*, surtout aux chapitres 14-18, réfléchit-il aux procédures par lesquelles se pratique et s'invente la science. Aristote insiste par exemple sur la nécessité de bien poser les problèmes (*A. Po.* II 14) – une méthode pour laquelle il s'inspire sans doute de la géométrie de son temps. Si l'*Organon* est un instrument, c'est un instrument approprié à l'épistémologie aristotélicienne et à sa conception du monde.

LA *RHÉTORIQUE* ET LA *POÉTIQUE*

La *Rhétorique* et la *Poétique* occupent une place à part dans le corpus. Dans l'Antiquité, les commentateurs se sont interrogés sur leur classement possible aux côtés des autres ouvrages de l'*Organon*, dans la mesure où les deux traités ont à voir avec le *logos*. Pour la *Rhétorique*, une raison supplémentaire est qu'elle est explicitement considérée par Aristote comme le « pendant » de la dialectique, et donc des *Topiques* – dont la place dans l'*Organon* n'a jamais été mise en cause. Une dernière raison est l'insistance de la *Rhétorique* sur la théorie du syllogisme, en lien explicite avec les *Analytiques* (*Rhet.* I 2). Mais les péripatéticiens ont émis assez tôt des doutes à l'endroit de cette intégration de la *Rhétorique* et de la *Poétique*, et leur embarras n'est pas que bibliothécaire, ou le fait de commentateurs maniaques, épris de classement. Il révèle une difficulté réelle.

La *Rhétorique* se donne pour objet les moyens de convaincre en général – une généralité qui la rapproche de la dialectique des *Topiques*, puisque toutes deux n'ont aucun objet en propre. C'est pourquoi la rhétorique ne désigne pas un domaine d'objets, mais une certaine « capacité » ou « puissance », celle d'« étudier dans chaque cas ce qui peut convaincre » (*Rhet.* I 2). En vertu de cette généralité, la rhétorique n'est, pas plus que la dialectique, ni une science, ni un art ou une technique au sens strict. Néanmoins, dans ce qui peut convaincre, il convient de distinguer entre ce que l'on peut apprendre et maîtriser, d'une part, et ce qui, d'autre part, repose sur des éléments extérieurs qui ne sont pas en notre pouvoir (la qualité d'un témoin, par exemple). Les moyens de persuasion issus de la première catégorie sont appelés « techniques » par Aristote (*Rhet.* I 2).

Le premier outil en vue de convaincre consiste en une sorte de déduction : l'enthymème. Aujourd'hui encore, l'enthymème est couramment défini comme un syllogisme auquel manque une prémisse (« les hommes sages sont justes, donc Socrate est juste »). Mais attribuer cette définition à Aristote relève d'un contresens sur un passage de la *Rhétorique* (I 2, 1357a16-17, où l'idée de prémisses « moins nombreuses » suppose quand même la pluralité). Dans la *Rhétorique*, l'enthymème se caractérise bien plutôt comme un argument construit à partir de la plausibilité ou des signes, et portant sur des cas particuliers et contingents. L'orateur, pour convaincre, exploite le sens commun et les opinions répandues, dans des arguments qui n'ont pas besoin des respecter les strictes règles de la syllogistique des *Premiers analytiques*, mais qui n'en sont pas moins des *arguments* fondés sur la vraisemblance et la plausibilité. La logique d'Aristote se rend ici attentive à une pratique de son temps, celle de l'éloquence athénienne. La *Rhétorique* regorge d'exemples et si elle se présente elle-même comme le premier véritable manuel de rhétorique (notamment grâce à sa théorie de l'enthymème), elle exploite ce qui se pratique alors, constituant ainsi un document historique unique.

Contrairement à ce que suggère le premier chapitre du traité (en particulier 1354a13-14 et b19-22), Aristote ne s'en tient cependant pas à une conception intellectualiste ou exclusivement rationaliste de l'art oratoire, avec sa théorie de l'enthymème. Comme annoncé dès le deuxième chapitre, convaincre exige en outre un certain « caractère » de l'orateur et fait appel aux affects des auditeurs. La rhétorique nécessite donc à la fois une étude des caractères, par quoi elle se rapproche de la politique

(1356a25-27), et un examen des émotions. C'est ce qu'illustre le passionnant livre II, principalement aux chapitres 2-11, qui constitue comme un petit traité des émotions. L'approche a ceci de caractéristique que les émotions ne sont pas réduites à de simples états affectifs : Aristote a toujours soin de préciser la représentation qui accompagne l'affect. Ainsi la colère est-elle un désir, accompagné de douleur, de ce qui apparaît comme une vengeance contre un mal commis (*Rhet.* II 2); ou la peur, une douleur issue de la représentation d'un mal à venir (*Rhet.* II 5). La dimension affective des émotions est de valence positive (plaisir) ou négative (douleur); leur dimension cognitive vient de ce que toute émotion s'accompagne de la représentation d'un objet et peut donc être caractérisée comme intentionnelle. Du fait de cette dimension discursive, les émotions peuvent modifier nos jugements et c'est en cela qu'elles sont des instruments pour l'orateur (*Rhet.* II 1).

Sans verser dans l'exaltation propre aux sophistes ou à Isocrate, Aristote privilégie, à l'égard de la rhétorique, une perspective plus nuancée et plus favorable que celle à l'œuvre dans le *Gorgias* de Platon. Le souci du plausible qui guide l'orateur est aussi celui de ce qui s'approche du vrai et lui ouvre la voie – sans nécessairement l'atteindre. Or « examiner le vrai et ce qui est semblable au vrai relèvent de la même capacité » (*Rhet.* I 1, 1355a14-15). Mais alors que, pour Platon, l'unique manière de sauver la rhétorique est de la mettre au seul service de la philosophie et du discours vrai (*Phèdre*), pour Aristote la rhétorique peut aussi être mise au service du faux et de l'injustice (*Rhet.* I 1) et en cela réside son ambivalence en tant que technique.

Comme on l'a vu, là n'est pas sa seule ambivalence. Ni une ramification de la dialectique, ni une simple partie de la politique, ni un art au sens strict, mais qui pourvoit en moyens techniques pour convaincre : la *Rhétorique* entretient bien une place singulière dans le corpus aristotélicien et les hésitations des commentateurs pour classer le traité sont aisément concevables. Il en va de même pour la *Poétique*.

On peine encore aujourd'hui à décider si la *Poétique* est un ouvrage normatif et technique à destination de l'apprenti tragédien (comme la *Rhétorique* serait un manuel pour futurs orateurs), ou bien une étude philosophique et descriptive de cet objet culturel qu'est la tragédie (comme la *Rhétorique* serait un examen des procédures alors utilisées par les orateurs). À tout le moins est-il clair qu'elle porte principalement sur la tragédie, le second livre sur la comédie ayant probablement été très tôt perdu (comme U. Eco s'en fait l'écho dans *Le Nom de la rose*). Par « poétique », il faut surtout entendre ici ce qui concerne des arts de la performance. Le chapitre 1 mentionne l'épopée, la poésie tragique, la comédie et la poésie dithyrambique, la musique pour flûte et la musique pour lyre. Après un prologue sur l'art poétique en général (*Poet.* 1-5), le traité se concentre sur la tragédie (chap. 6-22) et se clôt sur une comparaison entre tragédie et épopée (chap. 23-26).

Comme la *Rhétorique*, la *Poétique* a donc un aspect technique prononcé. Aristote s'attarde sur ce qui constitue l'unité d'une intrigue, les différentes parties de la tragédie, la qualité du style et de ses figures... L'attention se concentre sur la structure même de l'objet « tragédie », négligeant les aspects sociaux ou religieux de la représentation tragique à Athènes.

Mais, par son ambition philosophique, le traité est encore susceptible d'intéresser aujourd'hui. C'est le cas en raison de son effort pour expliquer certains processus fondamentaux de l'expérience esthétique (au sens moderne du terme). L'art poétique naît d'une propension naturelle à tout être humain, celle d'imiter et de prendre du plaisir aux représentations (*Poet.* 4). Aristote prend l'exemple des images des bêtes ignobles et des cadavres (on penserait aussi aujourd'hui au genre des films d'horreur, quoique Aristote, en *Poet.* 14, vilipende les dramaturges qui privilégient l'horreur et les moyens spectaculaires pour la susciter). Ce plaisir de la reconnaissance est associé au plaisir d'apprendre en général, celui que les philosophes en particulier poursuivent activement, mais qui est commun à tous les hommes. Ce plaisir d'apprendre ne peut que rappeler le désir de savoir, naturel à tous les hommes, du tout début de la *Métaphysique*. Il y a du philosophique dans la contemplation esthétique.

Pour autant, assister à une tragédie n'est pas lire un traité philosophique. La tragédie représente des événements suscitant la crainte et la pitié (*Poet.* 9, 11, etc.). Un passage âprement discuté de *Poétique* 6 fait état d'un processus de purification ou purgation (*katharsis*) des émotions par la tragédie (1449b27-28). Certains spécialistes ont émis des doutes quant à l'authenticité de ce passage isolé, qui n'en a pas moins engendré toute une tradition de lecture. Mais, par-delà le débat philologique, se pose la question, encore d'actualité, de la nature et de la fonction des émotions que nous ressentons lors d'un spectacle ou d'une pièce de théâtre. La peur que j'éprouve au théâtre diffère-t-elle en nature de celle que je ressens face à une bête féroce ? Ici se joue aussi ce qui sépare les

interprétations cognitivistes et celles (parfois appelées
« émotivistes ») plus attentives à la dimension affective
de l'expérience esthétique. Dans un cas, on insistera sur
la distance de l'imitation (*mimèsis*) qui permet le plaisir
intellectuel pris au théâtre. Dans l'autre, on rappellera
les contraintes qu'Aristote dégage pour qu'une tragédie
soit réussie, et qui tiennent globalement au critère
de vraisemblance (*Poet.* 9). Or cette vraisemblance
est essentielle à l'illusion mimétique, qui fait que le
spectateur "y croit", qu'il éprouve ainsi peur et pitié,
et peut dès lors les exorciser pour mieux nourrir sa vie
morale.

Dans l'une et l'autre interprétation, Aristote répond
ainsi à la thèse platonicienne d'après laquelle les poètes
n'ont rien à faire dans une cité bien ordonnée (*République*
X). Que ce soit comme passe-temps intellectuel
(*Pol.* VIII) ou comme moyen d'une éducation morale,
les poètes et leurs œuvres retrouvent une place au sein de
la cité. Comme la *Rhétorique*, la *Poétique* touche alors à
l'éthique et à la politique – et, de fait, certains catalogues
anciens les classent aux côtés des traités relevant des
sciences pratiques.

LES SCIENCES PRATIQUES

Le domaine de l'action et des affaires humaines est
couvert, dans notre corpus, par trois traités : l'*Éthique
à Nicomaque*, celle à *Eudème* et la *Politique*. Il est
aujourd'hui majoritairement accepté que la *Grande
Morale* n'est pas d'Aristote. Dès le début de l'*Éthique
à Nicomaque*, la politique est présentée comme la
science du bien suprême. Elle est, de ce fait, la science
« la plus souveraine et architectonique au plus haut

point » (1094a26-27), au sens où elle commande aux autres sciences, comme l'architecte peut commander aux ouvriers parce qu'il a en tête le plan du bâtiment et, donc, la finalité de la construction (*EN* I 1). Le discours conduit dans l'*Éthique à Nicomaque* ne se qualifie jamais lui-même d'« éthique », mais de « politique » ou de « philosophie des affaires humaines ». Si les analyses conduites dans les *Éthiques* s'attachent surtout à la vie individuelle, la question de la communauté et de la cité demeure toujours à l'arrière-plan.

Cet arrière-plan se retrouve explicité à la toute fin de l'*Éthique à Nicomaque* (X 10). Aristote y rappelle que la fin de la philosophie pratique est, comme son nom l'indique, l'action (*praxis*, en grec). Il ne suffit pas d'écrire un traité d'éthique pour devenir vertueux : il faut agir et s'habituer à l'action vertueuse. C'est cette déficience du discours éthique en tant que discours qui conduit vers la politique. L'un des meilleurs instruments pour cultiver les habitudes vertueuses est la loi : une bonne loi produit une bonne éducation et pousse à la vie vertueuse. Le discours éthique ne pourra s'achever tant que la « science législative » n'aura été examinée.

Pour bien lire les *Éthiques*, il faut donc garder à l'esprit ces deux éléments : 1) le discours n'est pas autosuffisant ; il ne fait sens qu'en faisant signe vers l'action. 2) La question ultime n'est pas de savoir comment un individu peut agir vertueusement ou trouver le bonheur, mais comment un ensemble des citoyens le peut. Si l'on étudie ce qu'est la vertu, c'est parce que le « véritable politique » cherche à « rendre bons les citoyens » (*EN* I 13, 1102a7-10). Les deux *Éthiques* forment donc des préalables à la *Politique*. Par « préalables », il faut ici surtout entendre un ordre logique et non pas de chronologie de rédaction.

Comme déjà indiqué, nous n'avons aucune certitude quant à l'ordre dans lequel ces traités ont été écrits (et, du reste, certaines interprétations génétiques tendent plutôt à voir dans la *Politique* un traité écrit assez tôt dans la vie d'Aristote).

Les *Éthiques*

Nous avons mentionné deux *Éthiques*, que la tradition connaît sous le nom de leurs dédicataires ou de leurs éditeurs : Nicomaque et Eudème. Le premier est en général identifié au fils d'Aristote ; le second à Eudème de Rhodes, un proche collaborateur. Ces deux traités, à l'histoire compliquée, ont été transmis avec trois livres en commun (*EN* V, VI et VII = *EE* IV, V et VI). Pour les livres restants, les deux ouvrages semblent traiter des mêmes questions, mais de façons différentes.

Pour expliquer ce redoublement de l'éthique dans le corpus, une première solution est génétique : les deux traités n'ont probablement pas été rédigés en même temps. Mais le débat reste ouvert de savoir lequel fut écrit en premier. Une autre solution, plus intéressante philosophiquement, consiste à distinguer les publics auxquels s'adressent les deux traités. On a souvent noté que l'*Éthique à Eudème* répugne moins aux explications théoriques, aux retours aux principes, en recourant à un vocabulaire plus technique, tandis que l'*Éthique à Nicomaque* mentionne plus souvent l'éducations des jeunes gens et la vocation politique. De là à supposer que l'*Éthique à Eudème* s'adressait à une audience plus avancée, ou qui ne se destinait pas à la carrière politique, il n'y a qu'un pas. Il reste que, des deux, c'est, très rapidement, l'*Éthique à Nicomaque* qui a été la plus transmise et la plus influente. L'*Éthique à Eudème* paraît n'avoir jamais été étudiée dans l'Antiquité et le commentateur Alexandre d'Aphrodise ne connaît que celle *à Nicomaque*, qu'il cite abondamment.

Comme de coutume, l'*Éthique à Nicomaque* commence par passer en revue les différentes opinions sur le bonheur : selon les uns, il résidera dans le plaisir, pour les autres dans la richesse, ou encore dans la recherche des honneurs (*EN* I 3). La quête de la richesse est rapidement écartée : en réalité, l'argent est toujours un moyen en vue d'autre chose. La recherche des honneurs peut aussi être mise de côté : elle renvoie en fait à une vie active et à une vie politique ; mais les honneurs et la célébrité ne dépendent pas assez de l'agent et sont trop volatiles pour pouvoir constituer une véritable finalité de la vie humaine. Surtout, les honneurs sont mérités s'ils sont fondés dans la possession de la vertu ou de l'excellence (*aretè*). Cette revue critique, qui vient filtrer les opinions communes, aboutit donc à trois genres de vie principaux : la vie de plaisir, la vie vertueuse, à quoi Aristote doit ajouter de lui-même un troisième candidat (parce qu'il ne relève pas d'une opinion populaire), la vie passée à l'étude ou à la contemplation.

C'est sur la vie vertueuse qu'Aristote concentre ses efforts. Le livre II présente une définition schématique de la vertu. Ces remarques générales sur la vertu se poursuivent jusqu'au milieu du livre III, qui détermine plus avant les conditions de l'action vertueuse comme action responsable (*EN* III 1-7). En soulignant l'insuffisance, pour l'action, de ces remarques générales (II 7 ; III 8), Aristote entreprend une étude des vertus particulières. Comme on l'a vu à la partie précédente, l'étude examine tout autant les comportements vertueux dans des sphères très précises de l'existence humaine – comme l'attitude à adopter dans ses moments de détente (IV 14)

– que les vertus plus reconnues par la tradition. Le livre V s'attarde ainsi sur le sens de la justice, qui apparaît comme la « vertu complète » dans nos rapports avec autrui (V 3), tandis que le livre VI passe aux vertus intellectuelles et, singulièrement, à la sagesse pratique (*phronèsis*), qui avait déjà été annoncée dans la définition générale de la vertu au livre II.

En prenant un « nouveau départ », le livre VII paraît contenir deux traités en un : le premier (VII 1-11) sur le pôle négatif de la vie morale, spécialement le vice et l'acrasie, que la tradition a nommée « faiblesse de la volonté » et qui désigne un manque dans le contrôle qu'on exerce sur soi-même ; le second sur le phénomène du plaisir, qui sera repris plus loin (VII 12-15 et X 1-5). En réalité, outre des similitudes dans la méthode (décrite en VII 1), ces deux parties du livre VII entretiennent des liens thématiques. Aristote considère le « débauché », celui qui s'adonne avec excès aux plaisirs, comme le modèle du vicieux. Et l'une des explications de cette impuissance qu'un agent a à faire le bien, même en ayant conscience de ce qu'il faudrait faire, réside dans la puissance des passions et du plaisir (VII 5).

Mais Aristote ne s'en tient pas à cette approche réprobatrice du plaisir, en rappelant d'emblée que, selon l'opinion majoritaire, le bonheur ne va pas sans le plaisir (VII 12). Son objectif est d'inclure le plaisir dans la vie heureuse sans tomber dans l'hédonisme. Le bonheur ne va pas sans plaisir, mais il ne s'y réduit pas, et si le plaisir est un bien, il n'est pas *le* bien. Pour frayer sa voie, Aristote travaille sur le phénomène même du plaisir, dans un contexte où celui-ci a soulevé de vives discussions dans l'Académie (d'autres collaborateurs de Platon ont abondamment écrit sur la question).

Aristote développe ainsi une approche originale en refusant de faire du plaisir la satisfaction d'un désir et la réplétion d'un manque (X 2). La raison en est que l'être du plaisir n'est pas celui d'un mouvement : il n'y a aucun sens à parler d'un plaisir rapide ou lent. Il a davantage à voir avec l'activité (*energeia*, VII 13), dont il est, plus précisément, comme un supplément ou un couronnement (X 4). En lui-même, le bonheur n'est pas un sentiment ou une émotion, mais un acte. C'est le plaisir qui pourvoit le bonheur d'une dimension affective et rend ainsi le bien d'autant plus désirable, en ce qu'il constitue une motivation centrale de la vie humaine (X 1 et 2).

Une autre des originalités de l'approche aristotélicienne du plaisir est qu'au début des deux passages sur le sujet (VII 12 et X 1), le plaisir est introduit comme une question politique : d'abord parce que le plaisir pose de lui-même la question du bien (en raison de la confusion fréquente entre le bien et le plaisir), et que c'est au philosophe politique qu'il revient de traiter du bien humain ; ensuite, parce qu'éduquer, c'est apprendre à l'enfant à prendre du plaisir là où il faut, pour le préparer à acquérir la vertu. C'est aussi de cette manière qu'est justifié l'examen de l'amitié au livre VIII, qu'on a rencontré à la partie précédente : non seulement parce qu'elle est une sorte de vertu, mais aussi parce qu'elle procure aux cités leur cohésion (VIII 1).

Un lecteur qui survolerait le traité, du livre I jusqu'à X 6, comprendrait naturellement que la vie heureuse est la vie pratique. Sera heureux celui qui saura agir avec courage, justice, grandeur d'âme, etc. Pourtant, l'*Éthique à Nicomaque* pose une redoutable difficulté, en semblant hésiter entre deux conceptions de la vie heureuse : l'une passée dans l'action et les vertus pratiques, l'autre

passée dans ce que la tradition nomme « contemplation »
(*theôria*) ou l'étude théorique.

En X 6, le bonheur est distingué du simple jeu ou de
la distraction : il y a un sérieux de l'activité heureuse, qui
n'est pas compatible avec le repos et le délassement. Ces
derniers ne sauraient tenir de fin en soi. On ne se repose
pas pour rien, mais pour mieux permettre l'activité
qui va suivre. Or « on estime que la vie heureuse est
celle conforme à la vertu, et celle-ci s'accompagne
de sérieux et ne consiste pas dans le jeu » (1177a1-3).
Mais, au moment où l'on pourrait croire encore que la
vie vertueuse est celle consacrée aux vertus pratiques, le
texte fait volte-face : l'excellence la plus haute doit être
celle de notre faculté la plus haute. Or tel est l'intellect,
qui est la partie la plus divine de notre âme (X 7). Par
conséquent, le bonheur résidera dans l'acte de cette
partie, et donc, selon l'expression consacrée, dans la vie
contemplative.

Cette traduction de « vie contemplative » est
trompeuse, si l'on s'imagine une vie solitaire, retirée
dans la méditation muette du spectacle de la vérité.
Bien plutôt, il faut prendre ici *theôria* au sens où elle
sert à qualifier certaines sciences comme la philosophie
première, la physique ou les mathématiques. La vie en
question est donc celle consacrée à de telles disciplines,
dans une existence libérée des contraintes matérielles,
la « vie intellectuelle » du loisir studieux (*skholè*). On
songera ici à ce que devaient vivre concrètement les
membres du Lycée. Aristote indique d'ailleurs que, même
si le sage se suffit à lui-même, il vaut sans doute mieux
vivre cette vie entouré de collaborateurs (1177a34-b1).
Il enfonce le clou en s'attachant même à démontrer la
prééminence d'une telle vie sur la vie vouée à l'action

vertueuse (X 7-8), laquelle ne sera dite heureuse qu'en un sens second (X 8, 1178a9).

À ce stade, la perplexité est de mise : à quoi servaient les centaines de pages précédentes sur les vertus pratiques, quand finalement, en l'espace d'une petite dizaine de pages (dans nos éditions modernes), c'est cette vie d'étude qui reçoit l'honneur de fournir la solution ultime à la question du bonheur? On tient sans doute là l'un des revirements les plus spectaculaires de l'histoire des écrits philosophiques. Il n'y a pas encore de consensus pour résoudre ce problème – soit que l'on considère que cette vie intellectuelle doive être tenue pour la réponse ultime d'Aristote (interprétation « exclusive »); soit que le bonheur doive en réalité inclure les différents aspects développés dans l'*Éthique à Nicomaque* et, donc, à la fois la vie selon les vertus pratiques et celle selon la vertu de notre faculté la plus haute (interprétation « inclusive »).

Cette dernière tendance a l'avantage d'offrir une lecture pluraliste : ainsi existerait-il différents biens dignes d'être poursuivis pour eux-mêmes et susceptibles de fournir divers contenus à une vie heureuse. Ce pluralisme n'empêche pas la hiérarchisation : Aristote peut considérer la vie pratique comme une vie à la mesure de l'humain, tandis que la vie selon l'intellect serait une vie divine, le sage s'efforçant, selon une leçon platonicienne (*Théétète* 176a-b), de s'immortaliser autant qu'il lui est possible (*EN* X 7). Cette pluralité n'est pas celle qui existerait entre différents types d'individus – les uns seraient davantage portés vers la vie pratique, les autres vers les activités intellectuelles. Cette pluralité se niche en réalité au cœur de l'être humain, comme le montre l'usage par Aristote de son fameux opérateur « en tant que » : « ce n'est pas *en tant qu'*homme qu'on vivra [une telle vie intellectuelle], mais *en tant qu'*il y a quelque chose de divin en soi » (X 7, 1177b27-28). Dès lors, qualifier la vie pratique d'heureuse seulement en un sens second (1178a9) ne vaut que dans le cas d'une stricte comparaison avec la vie intellectuelle, ce qui ne l'empêche pas d'être, tout de même, « heureuse ».

Or l'*Éthique à Eudème* va dans ce sens « inclusif ». Comme l'*Éthique à Nicomaque*, mais de façon plus technique, celle *à Eudème* part de la distinction entre trois genres de vie : selon la vertu, selon la sagesse, selon le plaisir, c'est-à-dire « vie politique », « vie philosophique » et « vie voluptueuse » (*EE* I 4). Mais, un peu plus loin, après avoir distingué entre vertu du caractère et vertu de la raison, Aristote ajoute que nous ne tenons pas seulement en estime les hommes justes, mais aussi les sages (*EE* II 1). La dualité humaine, entre partie rationnelle et partie irrationnelle, exige un bonheur qui embrasse l'ensemble de ces dimensions, de même que la bonne santé du corps suppose la bonne santé de chacune de ses parties. Le tout dernier chapitre du traité (VIII 3) se livre lui aussi à un éloge de l'étude théorique, mais en y incluant la poursuite des biens pratiques.

La *Politique*

Mais, pourrait-on objecter : si l'éthique est déjà de la politique, pourquoi un autre traité qui s'appelle bien, lui, *Politique* ? Il faut, pour le comprendre, revenir au dernier chapitre de l'*Éthique à Nicomaque* (X 10) : dans ce texte, Aristote tient un discours assez pessimiste quant à la possibilité de sortir du vice une fois qu'on s'y est enferré. Pour éviter cette impasse, il vaut mieux s'efforcer d'habituer au bien, dès leur enfance, les futurs agents moraux. Or l'éducation est une question de part en part politique, sinon la question politique par excellence, comme l'avait déjà montré Platon, de la *République* aux *Lois*. C'est plus précisément la qualité des lois qui, dans un État donné, détermine celle de son éducation. Reprenant les choses à leur racine, la réflexion doit donc se concentrer sur l'œuvre du « législateur », au sens de celui qui, dans l'histoire et l'imaginaire grecs, institue les lois d'une cité, dans une constitution donnée (*politeia*).

En dépit de son aspect bigarré et polymorphe, la *Politique* se présente au premier chef comme un traité sur les diverses sortes de constitutions. À l'issue du premier livre (*Pol.* I 13), Aristote récapitule l'argumentation qu'il a menée jusqu'alors, pour justifier la nécessité de traiter des constitutions et de la meilleure d'entre elles. Toute la *Politique* oscille en effet entre une enquête factuelle et une dimension plus normative. Si la science politique vise à guider le législateur, c'est-à-dire le véritable « homme politique », elle doit étudier la constitution la plus valable dans l'absolu, sans délaisser la constitution qui sera excellente dans des circonstances données (*Pol.* IV 1).

Le texte de la *Politique* laisse certainement deviner diverses strates d'écriture, au point que l'un de ses traducteurs, P. Pellegrin, a préféré éditer sa traduction avec un titre au pluriel – sans que le grec y contraigne, le titre étant donné au singulier dans le catalogue de Diogène Laërce, ou mentionné par Aristote avec le pluriel qu'il utilise fréquemment pour désigner ses traités composés de plusieurs livres. Cette diversité interne se manifeste sous sa forme la plus aiguë dans ce qui ressemble fort à des contradictions – un exemple célèbre, parmi d'autres, est qu'Aristote dit, dans le même livre, qu'au sein de la cité excellente, l'homme de bien et le citoyen n'auront pas la même vertu (III 4), et, plus loin, que leurs vertus seront identiques (III 18). Si l'on abandonne la facilité d'une interprétation génétique (« Aristote a évolué »), aussi bien que la pesanteur d'un prétendu système aristotélicien absolument harmonieux (« Aristote, le Philosophe, ne saurait se contredire »), il faut alors lire ces textes en partant de leur singularité avant même de chercher à en reconstruire une cohérence plus globale.

Il n'en demeure pas moins que la question de la constitution, c'est-à-dire de ce qui forme « une certaine vie de la cité » (IV 11, 1295b1), offre le fil rouge le plus constant dans tout le traité. Aristote le dit en commençant le livre IV, tout en reconnaissant que l'expression « la constitution la meilleure » s'entend en plusieurs sens (la meilleure selon nos vœux, la plus adaptée à tel peuple, la meilleure dans un genre donné, la meilleure pour toutes les cités). Mais tout cela relève bien de « la même science » (IV 1, 1288b22). Aristote s'écarte ainsi tout autant des pensées antérieures qui se focalisent sur le projet d'une constitution idéale (Aristote songe certainement à Platon), que sur celles qui se contentent d'examiner les constitutions existantes. Faire la synthèse de ces approches ne met pas en danger l'unité de la science politique qui doit, comme le bon professeur de sport, connaître à la fois le meilleur exercice physique absolument parlant et celui qui convient au plus grand nombre ou à tel corps particulier.

Même si l'ordre et l'organisation des différents livres sont loin de présenter une progression claire, leur appartenance à un même traité devient plus évidente si on les place sous ce thème fédérateur de la constitution. Le livre I part du plus fondamental en établissant l'origine et la finalité d'une cité, et en distinguant le pouvoir politique du pouvoir familial et économique. Le livre II examine les prétendantes au rang de meilleure constitution et notamment sa version platonicienne. On peut mettre à sa suite les livres VII et VIII, qui présentent une réponse aristotélicienne à la question de la meilleure constitution et s'étendent sur l'organisation de l'éducation en son sein. Le livre III est central, puisqu'il reprend la question de la définition de la cité (*polis*) et développe, à partir de là, une enquête sur ce que sont un citoyen (*politès*) et le pouvoir politique en général, et sur les différentes sortes de constitutions (*politeiai*). Les livres IV, V et VI s'attaquent à une recherche plus empirique sur les espèces de constitutions, leurs déviations, les crises qui sont susceptibles de les détruire, et les façons d'éviter ou de résoudre ces crises pour préserver une constitution donnée.

La question de la constitution n'est ainsi pas seulement celle de l'organisation du pouvoir politique dans une cité (III 6); elle a pleinement à voir avec la façon dont cet animal politique qu'est l'être humain peut se réaliser comme tel – une question qui est loin d'avoir perdu toute pertinence contemporaine, comme l'ont montré les travaux de M.C. Nussbaum, à travers la reprise explicite du projet aristotélicien dans sa théorie des « capabilités ». La science politique s'occupe ainsi de l'accomplissement propre à l'animal humain, raison pour laquelle elle peut aussi s'appeler « philosophie des affaires humaines » (*EN* X 10, 1181b15). C'est à partir de ce constat que, depuis la fin du XXᵉ siècle, les interprètes se sont davantage penchés sur les liens unissant, chez Aristote, science politique et physique. Ces liens ne conduisent pas à déroger au principe de séparation des savoirs, ne serait-ce qu'en vertu de la distinction dans la

Politique entre vivre et bien vivre. Le fait que l'étude de l'être humain puisse se distribuer entre la physique des animaux et les sciences pratiques dit quelque chose de la spécificité humaine et de sa différence d'avec les autres animaux. Sans doute cela a-t-il à voir avec le fait que ce qui s'appelle « mouvement » chez les autres animaux, correspond chez l'homme, à l'« action » au sens strict, c'est-à-dire à un acte accompli délibérément.

Mais il n'en reste pas moins que l'homme est un animal au sens plein et que son caractère politique répond au principe d'une finalité fixée par nature – laquelle, comme le rappelle *Pol.* I 2, « ne fait rien en vain ». Rien d'étonnant, alors, à ce que, dans certaines zones, les frontières des sciences pratiques et physiques se brouillent. Le traité *Du Mouvement des animaux* en fournit un bel exemple, qui, tout en portant, comme son titre l'indique, sur les mouvements des animaux en général, offre des renseignements inestimables sur la philosophie aristotélicienne de l'action.

LES TRAITÉS PHYSIQUES

Au début des *Météorologiques*, Aristote dresse un plan de travail de sa physique. Il présente ce programme de façon systématique en indiquant qu'une fois toutes ces questions traitées, il en aura « à peu près terminé avec le projet d'ensemble qu'il s'était fixé en commençant » (*Meteor.* I 1, 339a8-9). Il est assez aisé, en effet, de relier chacun des thèmes cités à un ou plusieurs ouvrages de notre corpus. À l'enquête sur les « causes premières de la nature et tout type de mouvement naturel » correspond la *Physique*. Au « mouvement ordonné des astres en haut », le traité *Du Ciel*. Aux « éléments corporels », à

leur « transformation réciproque » et à « la génération et
la corruption en général », le traité *De la Génération et
de la corruption*. Aristote présente ensuite le traité des
Météorologiques à proprement parler. Il clôt le chapitre
en mentionnant ses travaux sur « les animaux et les
végétaux, en général et séparément ». On songe ici à la
séquence : *Histoire des animaux, Parties des animaux,
Locomotion des animaux, Mouvement des animaux,
Génération des animaux*.

Ce programme soulève deux difficultés. En premier
lieu, la question reste ouverte de savoir si Aristote a
réellement écrit un traité sur les végétaux (comme le
rapporte Alexandre d'Aphrodise, tout en signalant que
ce traité a été perdu) ou s'il a délégué ce travail à son
plus proche collaborateur, Théophraste, connu pour ses
traités botaniques. Au moins une fois, Aristote renvoie à
une étude sur les plantes (*HA* V 2), mais sans dire s'il en
est l'auteur.

D'autre part, les interprètes ont souvent souligné
l'absence, dans ce programme, du traité *De l'Âme*
ainsi que du groupe d'écrits connus sous le titre latin
inauthentique *Parva naturalia*, c'est-à-dire *Petits traités
d'histoire naturelle*. Il est possible qu'Aristote se contente
ici d'une annonce tellement générale qu'il ne prend la
peine de mentionner aucun traité en particulier. Comme
on va le voir, le *De l'Âme* occupe une place singulière
dans la physique aristotélicienne. Une autre possibilité
est qu'Aristote se soit aperçu tardivement – après,
en tout cas, avoir rédigé *Meteor.* I 1 – de la nécessité
d'une enquête générale sur l'âme des êtres vivants.
On y revient.

La *Physique*

Que, dans ce programme, la *Physique* vienne en premier n'est pas surprenant. Pour le dire de façon à peine provocatrice, à bien des égards ce traité a à voir avec de la méta-physique au sens de « méta » qu'on emploie aujourd'hui en parlant de « méta-discours ». La *Physique* offre une réflexion sur les outils théoriques dont doit s'équiper le physicien pour étudier la nature. On sait d'ailleurs que, dans l'Antiquité, une partie de la *Physique* a circulé sous le titre *Des Principes*, ce qui indique bien son caractère fondamental.

C'est clair pour le livre I, qui commence et se termine en parlant des principes qu'il faut découvrir pour faire de la physique. Ces trois principes sont en réalité trois principes en jeu dans tout changement : matière, privation et forme. Mais cela vaut aussi pour les livres suivants. En prenant un nouveau départ pour davantage circonscrire ce qu'est la nature, le livre II s'attaque à la question des causes, qui procurent les instruments dont se servira le physicien pour expliquer tel phénomène. Les livres III et IV présentent des recherches sur les traits propres aux objets de n'importe quelle partie de la physique, et donc autant de notions qu'il est indispensable d'éclaircir pour commencer à faire de la physique : le mouvement (III 1-3), le continu et l'infini (III 4-8), le lieu (IV 1-5), le vide (IV 6-9, mais avec ici une approche négative pour montrer que la physique n'a pas à s'embarrasser avec cette notion inconsistante), le temps (IV 10-14). Les quatre derniers livres, de V à VIII, inaugurent une analyse du changement pour lui-même et de son essentielle continuité, contre une certaine tendance (chez

Zénon d'Élée et les Atomistes) à concevoir le mouvement de façon discrète. Mais ces livres construisent aussi patiemment les éléments qui vont être mis en jeu au livre VIII pour argumenter en faveur de l'existence nécessaire d'un premier moteur immobile.

Le livre VIII se présente en effet comme une longue déduction qui met en jeu des prémisses établies précédemment, par exemple l'essentielle continuité de tout mouvement. Parce qu'il parle du premier moteur, de son unicité et de son immobilité, on a parfois lu ce dernier livre comme une sorte d'ouverture hors-sujet à une autre discipline, à savoir la philosophie première et, plus précisément, la science théologique. En réalité, il s'inscrit de plain-pied dans le projet d'établir les principes fondamentaux de la nature et donc de la science qui étudie cette dernière. Et il le fait sans introduire de considérations théologiques, par exemple sur le mode de vie du premier moteur, contrairement à *Métaphysique* Λ. C'est bien en tant que principe de tout mouvement que le premier moteur prend place dans la *Physique*. Le livre VIII part du constat qu'il existe du mouvement (*Phys.* VIII 1). Or le premier moteur vient expliquer pourquoi il ne peut pas ne pas y avoir de mouvement et qu'il y en a éternellement : l'affirmation de fait se transforme en une affirmation de droit, qui fonde la possibilité même d'une science de la nature, c'est-à-dire des êtres mobiles.

C'est parce que la science de la nature se trouve ainsi fondée qu'Aristote peut s'engager dans des enquêtes plus locales, autrement dit, tout simplement faire de la physique.

Du Ciel

Le traité *Du Ciel* part des corps en général, qu'il pose comme des objets fondamentaux de la science de la nature (*DC* I 1). Contre Platon, il affirme même qu'il y a une perfection du corps comme entité tridimensionnelle. L'univers, *a fortiori*, parce qu'il est un grand corps délimité, est d'autant plus parfait.

Les deux premiers livres du traité se focalisent alors sur le lieu supralunaire. Il relève ainsi de ce que *Physique* II 2 considérait comme la partie astronomique de la physique, par distinction d'avec l'astronomie au sens strict, qui ressortit aux sciences mathématiques. Ces deux premiers livres nous font donc pénétrer dans la représentation aristotélicienne du cosmos. Assurément, tout, ou presque, est faux du point de vue de la science contemporaine, et l'on peut comprendre que le lecteur non averti répugne à entrer dans un texte aussi complexe et aussi obsolète. Pourquoi se donner tant de peine ? Cette question appelle plusieurs réponses, qui ne sont pas incompatibles entre elles. L'une d'elles réside dans l'intérêt historique du traité. On ne saurait comprendre grand-chose à ladite « révolution galiléenne » si l'on ignore tout du *De Caelo* – Galilée a, durant ses études, travaillé le traité aristotélicien, lequel a été très abondamment commenté du XIIIe au XVIIe siècle.

Mais il y a aussi quelque chose de simplement saisissant, à voir comment, à partir de données empiriques incomplètes, peut s'élaborer une telle modélisation globale du monde. Si la physique astronomique est ardue, c'est en raison de la difficulté à observer ses objets (les astres) et du fait de leur distance (*DC* II 3 et 12).

Les données empiriques occupent cependant une place prééminente dans les argumentations du traité. Aristote soutient qu'en dernière instance, c'est l'adéquation aux phénomènes perceptibles qui permet de trancher entre des explications concurrentes (*DC* III 7). Il faut rejeter l'image, encore fréquente en histoire des sciences, d'un Aristote qui aurait entravé le progrès scientifique en se désintéressant de l'expérience.

Que se passe-t-il, néanmoins, quand les données empiriques font défaut? De nombreux arguments du traité ne font aucune référence directe aux phénomènes – par exemple, dès I 1, quand Aristote cherche à montrer que les corps ont trois dimensions et pas davantage. À ce compte peuvent être aussi rangés les prémisses selon lesquelles telle thèse est « plus raisonnable » ou « plus appropriée » que telle autre – par exemple la sphéricité de l'univers (II 4). Ce qui vient au secours du physicien quand il manque de données, c'est le caractère raisonnable d'une argumentation : non pas seulement au sens où cette argumentation doit être dépourvue de contradiction interne, mais, de façon plus cohérentiste, en ce qu'elle se doit d'être crédible au regard d'autres connaissances. Ce n'est toutefois là qu'une procédure employée faute de mieux, laquelle ne saurait apporter que de « petites solutions » (*DC* II 12, 291b27), dénotant ce qu'on pourrait appeler une humilité épistémique.

Le terme de « ciel » a plusieurs sens pour Aristote : il peut désigner, strictement, le « premier ciel », c'est-à-dire le premier mû, la sphère des étoiles fixes ; il désigne aussi le supralunaire en général, « là-bas » ou « en haut », par opposition au sublunaire « ici-bas » ; il peut enfin renvoyer à l'ensemble de l'univers. Les deux premiers livres du *De Caelo* prennent plutôt le terme dans ses deux premiers sens, tandis que les livres III et IV étudient le ciel au sens le plus large et se focalisent sur la question des éléments, en tant que composants de tous les corps sublunaires. C'est bien sous le projet d'une étude des corps physiques que se poursuit le traité, en rappelant que la « plus grande partie de l'enquête sur la nature » consiste en cette étude des corps (*DC* III 1, 298b1-3).

Le traité *Du Ciel* parle ainsi des éléments d'un point de vue plus cosmologique : il est notamment question, au livre IV, du mouvement des éléments, de leur légèreté et de leur pesanteur. Les deux premiers livres ont établi que l'univers est une sphère finie, dont le centre est la terre, qui est en bas, et dont l'extrémité est le premier ciel, qui est en haut. La légèreté et la pesanteur désignent des mouvements vers ce haut ou vers ce bas. Ainsi les corps pesants sont-ils ceux qui ont une tendance naturelle à tomber vers le bas et c'est *a fortiori* le cas pour l'élément terreux. Contrairement à une image dont Descartes se fait encore l'écho quand il traite de la « chute des graves », Aristote n'explique pas la pesanteur par la possession d'une âme.

De la Génération et de la corruption ; Météorologiques

Le traité *De la Génération et de la corruption* s'intéresse quant à lui aux éléments en se focalisant sur la question de leurs transformations mutuelles. Aristote a déjà énoncé cette thèse dans le *De Caelo* (en III 6) mais sans davantage de précision. Sous cette perspective, leurs propriétés de pesanteur ou de légèreté sont hors-sujet (*GC* II 2). Chaque élément est ici considéré comme un couple de qualités parmi les quatre que sont le sec et l'humide, le chaud et le froid (le feu est chaud et sec, l'eau froide et humide, etc.). En vertu de ces quatre qualités, les éléments se transforment les uns en les autres. Les éléments ne sont pas engendrés à partir de rien, mais, selon un processus cyclique d'action et de passion réciproques : l'air élémentaire (humide et chaud) en se refroidissant se transforme en eau (humide et froide), laquelle en s'asséchant se transforme en terre (sèche et froide), et ainsi de suite (*GC* II 4).

Mais il serait erroné de cantonner *GC* à un traité sur les éléments. Les éléments figurent certes à son programme de travail, lequel avait été ainsi annoncé en *De Caelo* III 1 et III 8. Mais, justement, comme le précise en passant *DC* III 1 et suivant le plan dressé en *Meteor.* I 1, cette étude prend place dans une enquête plus large sur la génération et la corruption, c'est-à-dire sur la façon dont les êtres viennent à être et disparaissent. Or la transformation des éléments les uns en les autres est le point de départ de toutes les formes du devenir en général. La matière de tous les corps naturels est ultimement faite du mélange des quatre éléments (*GC* II 7-8). Ces réflexions d'Aristote, et en particulier la théorie sous-jacente du mélange (*GC* I 10), constituent l'une des sources de la discipline qui sera pendant longtemps connue indifféremment sous les noms de chimie et d'alchimie.

Le livre IV des *Météorologiques* offre en quelque sorte la suite de cette histoire. Sa place dans le traité n'est pas évidente de prime abord. Des livres I à III, les *Météorologiques* traitent des phénomènes naturels, comme les comètes, la pluie, le givre, les courants marins ou l'arc-en-ciel. Ce faisant, le traité complète les informations du *De Caelo* en décrivant ce que la tradition appellera monde sublunaire (*Meteor.* I 2), depuis la région la plus proche de la lune jusqu'au monde souterrain. Le livre IV, quant à lui, porte sur des opérations entre les corps naturels, qu'on pourrait qualifier de physico-chimiques, comme la coction, la liquéfaction ou la fusion. Autrement dit, il reprend l'étude du mélange des éléments par action et passion réciproques, en élevant le point de vue au niveau de corps constitués ou de leurs parties – par exemple sur la façon dont l'argile est obtenue à partir d'une terre solidifiée par le feu (IV 6) ou bien pourquoi certains corps sont flexibles (IV 9).

En réalité, la question des éléments est rappelée dès le début des *Météorologiques* (I 2) et présentée comme un préalable indispensable à la météorologie : on ne peut pas expliquer la grêle ou les séismes sans être au clair sur les qualités fondamentales des éléments et leur action réciproque. Les séismes, par exemple, sont comme un frisson de la terre : ils résultent d'un souffle qui s'exhale violemment de la terre lorsque celle-ci été humidifiée par la pluie et se trouve ensuite asséchée par le soleil ou le feu souterrain (*Meteor.* II 8). Tous ces phénomènes se laissent en définitive analyser en des opérations spécifiques des éléments les uns sur les autres. Ce que fait le livre IV, c'est réduire la focale de l'analyse, en délaissant les phénomènes météorologiques ou géologiques, pour se concentrer sur des corps plus délimités et les propriétés physiques dont ils sont dotés en vertu de leur constitution élémentaire.

Comme on le voit, d'importants effets d'écho unissent la *Physique*, les traités *Du Ciel*, *De la Génération et de la corruption* et les *Météorologiques*. Aristote rythme chacun de ces traités de rappels de ce qui précède ou d'annonces des questions à traiter ensuite. De telles indications ne sont pas significatives de l'ordre dans lequel ces ouvrages ont été écrits. Mais Aristote a une vue précise de son programme de travail et de l'ordre dans lequel il faut conduire l'enquête sur la nature. Ainsi le *De Generatione et corruptione*, à travers ses nombreux exemples d'homéomères (en particulier II 8) ou le dernier chapitre des *Météorologiques* (IV 12) annoncent-ils l'étude des corps vivants et de leurs parties constitutives.

LES TRAITÉS ZOOLOGIQUES

Le programme dressé au début des *Météorologiques* fait de l'étude des êtres vivants le sommet de la physique. Au vu du nombre et de la qualité de ses ouvrages sur les animaux, c'est indéniablement une question qui a passionné Aristote. Ces traités comprennent : *Histoire des animaux*, *Parties des animaux*, *Génération des animaux*, et deux traités plus brefs : *Mouvement des animaux* et *Locomotion des animaux*. Longtemps restés dans l'ombre d'une préhistoire désuète de la biologie et de la zoologie (deux termes, on le rappelle, qu'Aristote n'emploie pas), ces traités ont suscité un regain d'intérêt à la fin du XXᵉ siècle, au point qu'on parle parfois d'un *biological turn* des études aristotéliciennes. Ces études ont démontré l'intérêt qu'il y avait à lire les traités biologiques à la lumière de l'épistémologie et de l'ontologie aristotéliciennes et, réciproquement, la façon dont ces traités permettaient de mieux comprendre et de jeter une lumière neuve sur la théorie aristotélicienne de l'être et de la connaissance, et sur des notions comme celles de substance, de forme, d'espèce, de cause, ou de nécessité.

Comme pour les traités précédents, tout indique qu'Aristote avait une vue précise de l'ordre dans lequel il faut procéder pour étudier les animaux. À nouveau, cela ne préjuge pas de la chronologie de rédaction de ces ouvrages : il s'agit bien plutôt d'un ordre méthodologique. Ainsi Aristote indique-t-il, au début des *Parties des animaux*, qu'il faut distinguer deux étapes dans l'enquête : saisir les faits et donner la cause, qui rappelle une distinction établie dans les *Seconds Analytiques* II 1, selon laquelle « lorsque nous connaissons le fait, nous recherchons le pourquoi » (89b29). C'est à l'*Histoire des animaux* (ou, plutôt, l'*Enquête sur les animaux*) qu'est dévolue cette saisie des faits.

Le traité se présente lui-même comme liminaire : pour étudier scientifiquement les animaux, il convient d'examiner « en premier lieu les différences entre les animaux et les accidents communs à tous » (*HA* I 6, 491a9-10), à partir de quoi le physicien disposera des informations nécessaires pour élaborer ses démonstrations. Ce terme de « différence » est déjà employé au tout début du traité pour exposer son sujet. L'*Histoire des animaux* porte sur les différences entre animaux concernant : leurs genres de vie, leurs activités, leur caractère et leurs parties (*HA* I 1).

Cette énumération donne à peu près le plan du traité : *HA* I-IV traite des différences au niveau des parties externes et internes des animaux ; *HA* V-VII, des parties nécessaires à la reproduction ; le livre VIII porte sur les différentes activités et les modes de vie ; le livre IX sur les différents caractères (le livre X est probablement inauthentique). Ce sont ces différences qui devront ensuite faire l'objet d'un travail d'explication.

Pour répertorier ces différences, Aristote recourt d'abord à l'observations directe ou recueillie auprès d'autres (par exemple par les pêcheurs, sur la durée de vie des thons, en *HA* VI 17). Il renvoie aussi à un travail de dissections (par exemple des embryons des juments, *HA* VI 22). Le terme qu'il emploie en grec, *anatomai*, est ambigu : outre la pratique de la dissection, il peut aussi renvoyer à des schémas explicatifs, par exemple des dispositions spatiales des organes. Cette ambiguïté pourrait indiquer que les dissections au sens propre étaient reportées dans ce que nous appellerions des planches anatomiques. D'après certaines listes anciennes, Aristote aurait rédigé un traité intitulé *Anatomai* que nous avons perdu.

Ce travail de collecte des données – d'« enquête » (*historia*), au sens strict – est un moment certes préparatoire, mais primordial du travail scientifique. Aristote y renvoie à de nombreuses reprises (par exemple *PA* IV 8, 684b4-5) en couplant souvent les *Anatomai* et l'*Histoire des animaux*. C'est parce qu'on a empiriquement constaté certaines corrélations que se pose la question du pourquoi. Par exemple, la corrélation entre avoir des doigts et avoir des ongles invite à se demander à quoi servent les ongles par rapport aux doigts. L'*Histoire des animaux* est parcourue par de telles corrélations, parfois en reconnaissant qu'elles ne sont pas absolues (en l'occurrence, il y a une exception à la corrélation doigt – ongles, chez l'éléphant, *HA* III 10).

La recherche des causes incombe aux traités *Des Parties des animaux* et *De la Génération des animaux*, comme le dit en toutes lettres *PA* II 1. Autrement dit, *PA* porte sur les fonctions des différents organes et les raisons qui font qu'ils sont ce qu'ils sont. C'est sans doute la raison pour laquelle le traité commence par une grande introduction méthodologique sur la recherche causale en physique. Le reste du traité étudiera les différents organes des animaux, en partant des homéomères (les tissus ou les liquides comme le sang, la bile…), et en exploitant les réflexions menées antérieurement sur les éléments et leurs qualités fondamentales. Le traité parcourt ainsi les animaux du haut en bas, de la tête aux pieds.

Que ce soit dans l'*Histoire des animaux* ou dans le *Des Parties des animaux*, Aristote se concentre en effet bien plutôt sur leurs parties que sur les animaux en eux-mêmes. Contrairement à une image tenace, il n'élabore pas tant une classification intégrale et fixe des espèces animales. Attentives à la diversité de la nature, ses classifications dépendront de la perspective alors adoptée. Une première raison est que procéder ainsi permet d'éviter les répétitions : si l'on devait parler de la fonction du foie chez le chien, puis chez le poisson ou chez l'homme, on « dirait souvent les mêmes choses sur beaucoup de familles » (*PA* I 1, 639a24). Mais, plus largement, comme le dit un passage de *PA* II 1 (voir aussi *GA* I 1), il faut concevoir l'organisme animal comme un système de parties orientées vers des fins. Les parties homéomères (tissus et liquides) sont une matière en vue des parties anhoméomères (les organes au sens courant du terme), lesquelles sont à leur tour une matière en vue des « fonctions et des actions » (646b12) de l'animal entier : l'œil sert à voir, les poumons à respirer, etc. Si donc l'*Histoire des animaux* présente les éléments constitutifs de ce système, il appartient aux traités *Des Parties des animaux* et *De la Génération des animaux* de les mettre en mouvement ou, pour parler de façon moins métaphorique, de rendre compte de la façon dont ce système est arrangé pour servir les diverses fonctions propres à la vie animale.

C'est dire l'importance de la cause finale dans ce travail, sur laquelle Aristote insiste dès le début de son introduction méthodologique (*PA* I 1). La zoologie est guidée par le principe selon lequel la nature ne fait rien en vain, ou qu'elle « cherche l'adaptation » (*HA* IX 12, 615a25-26). Dans sa mise en œuvre de l'explication téléologique, la zoologie touche aux fondations de la philosophie aristotélicienne.

Cette affirmation vaut encore pour le *De la Génération des animaux*. Ici aussi l'enchaînement avec le traité précédent est explicite : le traité *Des Parties des animaux* a laissé de côté celles des parties qui servent aux animaux à se reproduire (*GA* I 1). Le *De la Génération des animaux* poursuit donc l'enquête sur les parties animales et leurs fonctions, dans une perspective téléologique. Mais Aristote présente aussi à cette occasion le groupe *HA* – *PA* – *GA* à l'aide de ses quatre causes : les causes matérielles et formelles-finales (les deux étant ici identifiées) ont été déjà mises en œuvre dans l'établissement des parties des animaux et de leurs fonctions. À *Génération des animaux* incombe alors un travail plus spécifique sur la cause motrice. Cela ne signifie pas une mise à l'écart des explications finalistes, mais c'est symptomatique de l'objet du traité.

La génération des animaux désigne en effet le mouvement par lequel un animal naît – ou plus exactement, comme va le montrer Aristote, la série ordonnée de mouvements qui va de la fécondation jusqu'à la naissance (et même après, ainsi que l'indiquent les réflexions de *GA* V). Or il a été établi précédemment (*PA* I 1) que ce qui est engendré doit être étudié avant le processus de génération lui-même, parce que ce dernier est la finalité du premier. D'où le fait que *Génération des animaux* vienne méthodologiquement après *Parties des animaux*. Selon le principe même du finalisme, en effet, le devenir est en vue de l'être : « la génération est en vue de la substance » (*PA* I 1, 640a18 ; *GA* V 1, 778b5-6). L'explication téléologique doit partir de ce qui est, pour pouvoir comprendre comment c'est venu à être. Il va par conséquent falloir s'interroger aussi sur ce qui vient déclencher ce mouvement – et c'est bien là ce qu'Aristote appelle une cause motrice.

En réalité, la génération est un processus complexe qui combine les quatre causes aristotéliciennes. Les travaux issus du *biological turn* ont notamment remis en question l'image simplifiée d'après laquelle le mâle fournirait, par sa semence, la cause formelle et motrice, et la femelle, rien qu'une matière inerte et passive. Le fait, par exemple, qu'il puisse y avoir hérédité des caractères de la mère rappelle que, du point de vue d'Aristote, la matière aussi contient ce qu'il appelle des « mouvements » (*GA* IV 3). Le processus de la génération implique donc en réalité une pluralité de mouvements par lesquels une forme vient informer une matière. L'enjeu n'est rien de moins que l'unification de la forme et de la matière, telle qu'elle produit un être essentiellement un, ce qui va impliquer de recourir aux modalités de l'acte et de la puissance. En ce sens, l'étude de la génération se donne aussi comme un haut lieu de l'élaboration de l'hylémorphisme aristotélicien.

De l'Âme ; Petits traités d'histoire naturelle

Les traités physiques et, singulièrement, les traités zoologiques montrent comment Aristote travaille avec une idée précise de l'ordre dans lequel les phénomènes doivent être étudiés. Néanmoins, plusieurs indices dans le corpus laissent aussi penser qu'Aristote est capable de revenir sur un programme de travail, de le modifier pour l'améliorer. Le corpus nous donne à lire un système en mouvement, qui se compose et se recompose.

Le *De Anima* et les *Parva naturalia* en offrent un cas emblématique. On l'a vu, ces traités ne sont pas explicitement annoncés dans le programme dressé en *Météorologiques* I 1. Une lecture consiste à soutenir qu'Aristote a progressivement formé le projet d'une enquête autonome sur l'âme et le corps en tant que tels. De fait, au début du *DA* (I 1), l'enquête sur l'âme est rattachée à la science de la nature, et, plus précisément à l'étude des êtres vivants, mais sans être intégrée à la séquence des traités zoologiques qu'on a vus précédemment. Une raison en est que l'étude de l'âme se situe à un autre niveau, comme en témoigne l'opinion rappelée par Aristote selon laquelle elle contribue « à la vérité tout entière » (*DA* I 1, 402a5). D'autres passages font état du risque inhérent au projet d'une science de l'âme en général, à savoir qu'elle devienne une science de toutes choses. Le fantôme d'une science totale – comme l'était, pour Aristote, la dialectique de Platon – vient hanter ces lignes : une science de l'âme tout entière porterait aussi sur cette partie spéciale de l'âme qu'est l'intellect, et donc sur tous les objets pensables. Pour éviter de ressusciter le fantôme platonicien, la physique doit se cantonner à un type d'âme (*PA* I 1 ; *Met.* E 1).

Il n'en demeure pas moins que l'étude de l'âme est pertinente dans le cadre de la physique et, plus précisément, de sa partie zoologique. Le plan du *De Anima* témoigne assez clairement de cette focalisation sur les animaux. Après un préambule qui dresse les difficultés et les grands problèmes auxquels une étude de l'âme doit se confronter (*DA* I 1), Aristote examine de façon critique les thèses de ses prédécesseurs (I 2-5). Le deuxième livre prend un nouveau départ en proposant d'abord d'esquisser une définition schématique de l'âme et une première approche de ses puissances (II 1-3). L'étude de l'âme végétative n'occupe qu'un chapitre (II 4) et le reste du traité est dévolu aux animaux.

La tradition, telle que la comprend Aristote, attribue à l'âme animale deux grandes fonctions. Elle rend raison des capacités cognitives des animaux d'une part (ou, littéralement : leur capacité à « discerner »), et de leur automotricité, d'autre part. Le cœur du traité porte sur les capacités cognitives que sont : la sensation (*DA* II 5 – III 2, avec un chapitre intermédiaire sur l'imagination en III 3), et l'intellect (III 4-7). Après une conclusion sur cette capacité cognitive en général (III 8), le traité se clôt par une étude des capacités qu'ont les animaux à se mouvoir et de la façon dont ces mouvements mettent en jeu la sensation, l'imagination ou l'intellect, avec le désir (III 9-13).

Les limites d'une étude physique de l'âme et cette focalisation sur les animaux expliquent sans doute pourquoi les pages sur l'intellect sont aussi allusives, et, par conséquent, si difficiles. Tout au long du traité, l'intellect reparaît périodiquement comme l'énoncé d'un problème qu'il faudra traiter ensuite. Non seulement Aristote le formule ainsi *avant* les chapitres du traité dévolus à l'intellect, comme par une sorte d'effet d'annonce ; mais, bien pire, il le dit encore à la toute fin de la section, en déclarant qu'il faudra « examiner plus tard » (*sic*) si l'intellect est « séparé de la grandeur » quand il pense un objet séparé de toute matière (III 7, 431b17-19).

Si Aristote se réfère explicitement à ce traité sous le titre « *De l'Âme* » ou comme à une étude sur « l'âme en elle-même » (*Sens.* 1), il ne faut pas se laisser abuser : hormis dans le cas problématique de l'intellect, ce qui intéresse Aristote dans le *De Anima*, c'est bien la façon dont l'âme est nécessairement unie à un corps, comme une forme à une matière, au point qu'elle ne fait qu'un avec lui. Le traité peut être à bon droit considéré comme le texte le plus profond du corpus sur l'hylémorphisme. Les échos du chapitre II 1 qui « esquisse » une définition de l'âme avec, par exemple, le livre H de la *Métaphysique* ne sont pas fortuits. Les clarifications sur l'acte et la puissance données, à propos de la sensation, en *DA* II 5, sont essentielles pour dépasser la dualité forme – matière et faire de l'âme l'entéléchie première d'un corps naturel ayant la vie en puissance, comme on l'a vu dans la partie précédente.

Les *Petits traités d'histoire naturelle* poursuivent explicitement cette étude des opérations communes à l'âme et au corps, au nombre desquelles figurent, par exemple, la sensation, la mémoire, le sommeil et le rêve. On comprend aisément en quoi ces opérations mettent en jeu le couple âme – corps : toutes sont liées, d'une manière ou d'une autre, à la sensation qui implique à la fois le corps et l'âme (*Sens.* 1). La mémoire, le sommeil ou le rêve sont, de fait, des affections ou des dispositions de la partie sensitive de l'âme. Au sens strict, on ne se rappelle que ce qu'on a perçu antérieurement (*Mem.* 1) et le sommeil est une sorte d'« immobilisation » de la partie sensitive (*Somn.* 1). Ces phénomènes sont donc bien psychosomatiques.

C'est peut-être plus étonnant pour les autres objets étudiés par les *Parva naturalia* : la longévité, la jeunesse et la vieillesse, la respiration, la vie et la mort. En réalité, tous ces phénomènes ont bien trait à la sensation dans la mesure où ils concernent ses conditions de possibilité. Par exemple, la respiration permet le refroidissement du corps et, en garantissant ainsi un équilibre de la température du corps, elle préserve sa chaleur vitale (*Somn.* 2 ; *Resp.* 8). Or cette chaleur vitale, qui fournit un thème commun à toute la seconde moitié des *Parva naturalia*, se situe dans le cœur (ou ce qui en tient lieu chez les animaux non-sanguins), lequel est aussi l'organe central de la sensation (*Juv.* 3).

Ces traités prolongent donc l'étude de la communauté de l'âme et du corps en mettant en lumière la dépendance existentielle de la première à l'égard du second. En bon hylémorphisme une forme ne pourrait subsister sans sa matière et il y a même un sens à user dans ce cadre du vocabulaire de l'inhérence – selon lequel, par exemple, l'âme sensitive est « dans le cœur » (*Juv.* 3, 469a6). Réciproquement, ces traités réaffirment la nécessité de l'explication finaliste : il est impossible sans elle de rendre raison de la respiration (par exemple, contre Démocrite, en *Resp.* 4) et pour cela, il faut concevoir l'âme comme une cause à la fois formelle, motrice et finale, dans le sillage du *De Anima*. C'est plus généralement le thème de la préservation (*sôteria*) qui parcourt ces traités car, si la nature ne fait rien en vain, c'est que la sensation et les phénomènes qui y ont partie liée permettent à l'animal de se maintenir dans l'être. Aristote est donc fondé à placer ces petits traités entre la grande étude de l'âme et les enquêtes sur les animaux (*Sens.* 1).

LA *MÉTAPHYSIQUE*

S'il est un ouvrage d'Aristote qui illustre au mieux l'image d'un système en mouvement et la souplesse d'une pensée qui multiplie les perspectives sur un même complexe de problèmes, c'est bien celui que la tradition a nommé *Métaphysique*. Dès l'Antiquité, des lecteurs ont attribué aux successeurs d'Aristote des interventions sur les livres et l'habitude a été prise au XXe siècle d'attribuer à Andronicos de Rhodes le regroupement de ces 14 livres en un traité sous un titre inauthentique. En réalité, rien dans nos sources ne fonde avec certitude cette affirmation et rien n'interdit de penser que la *Métaphysique* ait été formée par Aristote lui-même.

Le fait est qu'assez tôt dans l'histoire de la réception de cet ouvrage, ses lecteurs ont eu le sentiment d'un texte bigarré, à l'unité chancelante, comme le montrent les hésitations sur son titre. Aristote donne plusieurs noms à cette « science recherchée » (selon l'expression de 983a21 ou 995a24) : sagesse ou philosophie première. Et il la décrit par différents objets : science des premiers principes et des premières causes, science de l'être en tant qu'être, science théologique, enquête sur la substance… Tel est ce qu'on peut appeler le problème de l'unité de la *Métaphysique*. Mais cette question n'est pas que celle, textuelle ou littéraire, de l'unité du traité ; elle concerne aussi la conception qu'Aristote pouvait se faire de cette science polyonyme.

Pourtant, le traité ne se met jamais en quête que d'une et une seule science. Celle-ci voit son programme s'enrichir et se complexifier – comme dans les quatre premières apories du livre Beta ou à la fin d'Epsilon 1 –, mais sans s'exposer à un quelconque sacrifice de son unité.

De surcroît, les renvois des livres entre eux tracent des lignes de convergence. Tels sont les indices qui laissent présager l'horizon d'une unité de la métaphysique.

D'après l'ordre dans lequel les livres ont été très tôt transmis, le traité commence et se termine par un examen critique des prédécesseurs et, singulièrement, des académiciens. Le livre Beta se réfère explicitement à cette discussion en soulignant son caractère préliminaire. Par là, en effet, le discours quitte la science physique et passe des principes des choses naturelles à ceux de tous les êtres, ce qu'Aristote appelle « premiers principes et premières causes ». Ainsi la philosophie première conjugue-t-elle une double ambition, d'universalité et de primauté, qui découle de la discussion avec les académiciens. Leurs premiers principes étaient supposés être principes « de *tous* les êtres » (*Met.* Λ 10, 1075b14).

Les académiciens – Platon et ses collaborateurs Speusippe ou Xénocrate – posent qu'il existe des réalités immobiles et non-sensibles. Le livre Nu, en particulier, trop souvent oublié dans la tradition, témoigne de la façon dont Aristote construit l'espace de la philosophie première en prenant position au sein de la polémique, brûlante à l'Académie, autour de l'existence des Formes et de leurs principes. On l'a vu : Speusippe, déjà, refusait l'existence de telles Formes (tout en admettant d'autres entités suprasensibles comme principes, à savoir les êtres mathématiques). Pour Aristote, Speusippe pose de bonnes questions mais y répond de travers. La philosophie première est le lieu approprié à la réfutation de l'existence des Formes et Aristote s'y emploie, notamment en Alpha 9 et Mu 4-5.

Pour autant, Aristote crédite Platon, d'une part, d'avoir posé le Bien au principe du monde, d'autre part d'avoir tenté de rendre raison de la pluralité des êtres qui composent ce monde, en cherchant à repousser la thèse de Parménide selon laquelle le monde serait une pure unité (N 2-4). Le pluralisme aristotélicien se construit contre le monisme attribué à Parménide, mais aussi contre l'échec du pluralisme platonicien. Pour ce faire, une fois le terrain déblayé, il faut reconstruire. Le livre Beta peut paraître aride en première lecture. Aristote y explore des « apories » (on en dénombre généralement 14) fort techniques. Mais il démontre son effort pour sérier les problèmes qui s'offrent à la philosophie première et pour construire son champ de travail à travers la discussion avec les académiciens. Si ce livre n'offre pas un strict sommaire des questions abordées dans le traité, une bonne part d'entre elles s'y retrouve et en structure le développement.

Au livre Gamma échoit une première étude de l'être en tant qu'être et de ses propriétés essentielles. Par « être en tant qu'être » il ne faut pas entendre un certain être, ni un certain type d'être, mais l'objet une étude transversale qui considère tous les êtres sous la perspective qu'ils sont. Le premier chapitre rappelle que l'enquête porte sur les premiers principes et premières causes, désormais précisées en « premières causes de l'être en tant qu'être » (1003a31-32). Or l'être se dit en plusieurs sens et cette pluralité guide la suite du traité. Les chapitres Delta 7 et Epsilon 2 distinguent quatre sens : par accident, comme vrai, selon les catégories, et selon le couple de la puissance et de l'acte. Le livre Epsilon écarte l'être par accident, qui ne saurait faire l'objet d'une science, et l'être comme vrai, qui réside seulement dans la pensée.

L'étude des « causes et des principes de l'être en lui-même, en tant qu'être » porte donc d'abord sur l'être selon les catégories. L'affirmation de cette pluralité catégoriale des sens de l'être (Γ 2) consacre l'impossibilité d'un monisme simple : le monde n'est pas immédiatement un, parce que les choses ne *sont* pas au même sens du verbe. Pour autant, cette pluralité est organisée. Les êtres sont tels en raison de leur relation à la substance. La sagesse ou philosophie première sera donc aussi science de la substance et de ses principes, comme le rappellera le chapitre Êta 1.

Mais, de même que toute science porte sur les attributs par soi de son objet, cette science doit traiter des attributs essentiels des êtres en tant qu'ils sont. C'est par cette voie qu'Aristote répond à la deuxième aporie de Beta qui demandait s'il appartient au sage de considérer seulement les principes de la substance, ou aussi les principes démonstratifs. Le principe de non-contradiction (Γ 3-8) est un objet de la sagesse en ce qu'il est vrai de tous les êtres : aucun d'eux ne peut recevoir une même propriété et sa contradictoire, dans le même temps et sous le même rapport. À ce titre, le principe est bien une propriété ontologique, dont l'étude incombe au philosophe premier. De même, puisque l'être et l'un « s'accompagnent l'un l'autre » (Γ 2, 1003b23-24), il appartient à la sagesse d'étudier l'un, à quoi se consacre le livre Iota.

Encore faut-il s'entendre sur ce qu'est la substance et tel est l'objet des livres Zêta et Êta, qui, comme on l'a vu à la partie précédente, organisent comme un concours de la substantialité. Après avoir rappelé la pluralité des sens de l'être et leur relation au premier d'entre eux, le chapitre Zêta 1 reformule ainsi la question « qu'est-ce que l'être ? » en « qu'est-ce que la substance ? ». Ce faisant, les livres Zêta et Êta ne se contentent pas de désigner le gagnant dans le concours de la substantialité ; ils poursuivent bien l'enquête causale sur les principes des substances, en se concentrant ici sur la substance sensible. Les chapitres Zêta 13-16, par exemple, en refusant la substantialité aux universaux, permettent de comprendre pourquoi, si le principe des substances sensibles doit lui-même être une substance, ce ne sera pas une Idée platonicienne. De même, en se focalisant sur la « substance comme acte », le chapitre Êta 2 identifie bien un principe de la substance sensible, à savoir sa forme dans la mesure où elle est conçue comme un acte. Ici se rejoignent l'étude de la pluralité catégoriale de l'être, qui fait de la substance le premier sens, et celle du couple acte-puissance.

Ce dernier est l'objet propre du livre Thêta. Le livre se situe à un carrefour et se rattache aux livres précédents de deux façons : comme enquête sur l'acte et la puissance, il complète l'étude des sens de l'être fixée en Epsilon 4. Mais il renvoie aussi explicitement à l'enquête sur la substance des livres Zêta et Êta. Il défend en outre plusieurs thèses qui vont servir à l'argumentation du livre Lambda. Ainsi Thêta 6 annonce-t-il la thèse selon laquelle l'acte est un principe commun à tous les êtres, mais seulement par analogie. Il anticipe sur la question posée et résolue en Lambda 4-5, qui demande si tous les êtres ont les mêmes principes ou non. Cette question est cruciale à un double titre : elle l'est pour la philosophie première, puisqu'une réponse négative entraînerait l'impossibilité d'une enquête sur les principes de tous les êtres. Mais elle l'est aussi du côté des êtres eux-mêmes, en invitant plus largement à s'interroger sur leur unité. Une réponse négative encourrait le risque de tomber dans l'erreur de Speusippe qui, en octroyant à chaque type de réalités son principe propre, détricotait le monde en une « mauvaise tragédie », simple suite d'épisodes sans lien. Plus positivement, c'est en Thêta 8 qu'Aristote, comme on l'a vu, argumente en faveur de la nécessaire antériorité de l'acte sur la puissance. Or cette prémisse joue un rôle capital dans la détermination du premier moteur comme acte pur en Lambda 6 et 7.

Le livre Lambda est en effet celui qui traite le plus expressément du premier moteur et qui, même, l'appelle « dieu ». Dès l'Antiquité, il a donc été lu comme le livre exposant la « science théologique » dont parlait Epsilon 1. En réalité, sa perspective est plus vaste puisque, dès son premier chapitre, il s'interroge sur la possibilité de dégager des principes communs à toutes les sortes de substances. Après avoir traité des principes propres aux substances sensibles (Λ 2-5), le livre s'élève à la nécessité d'une substance immobile et éternelle (Λ 6-10). Mais le dernier chapitre travaille précisément à éclaircir le lien entre le premier moteur et les autres êtres qui composent le monde, en situant sa propre thèse dans le contexte d'une discussion des conceptions académiciennes et présocratiques du premier principe. Lu ainsi, le douzième livre de la *Métaphysique* s'inscrit pleinement dans le cadre général du traité. Ce n'est pas un hasard si nombre des difficultés exposées en Beta y trouvent leur solution. Il est aussi celui qui atteste le projet pluraliste d'Aristote, c'est-à-dire son effort pour penser une multiplicité réelle des êtres et des types d'êtres qui composent le monde, tout en rendant compte de leur relative unité, conçue, en Lambda 10, comme un « ordre » entre les substances que produit la simple présence du premier moteur. Celles-là sont « toutes ordonnées ensemble relativement à une unité » (1075a18-19).

Contre la tentation pointilliste de lire les livres de la *Métaphysique* les uns à part des autres, on a tenté dans ce qui précède de rappeler quelques suggestions quant à l'unité de la « science recherchée » et du traité qui l'expose. Il ne faudrait cependant pas se méprendre : le sens du projet élaboré dans la *Métaphysique* a été, et est encore sujet à controverses. La présence de certains livres continue d'interroger. Pour des raisons différentes, les livres Petit alpha, Delta et Kappa ont en commun de détonner dans cet ensemble (l'authenticité de Kappa, notamment, étant souvent mise en cause). C'est dire combien le traité est en « recherche » d'une certaine science et tendu vers son unité.

Loin de l'en détourner, cela doit au contraire inviter le lecteur à se plonger dans ce champ de problèmes. En cela réside peut-être l'innovation la plus durable du traité : avoir, à la faveur de ses discussions, notamment avec les académiciens, ouvert un certain espace épistémique et tracé les linéaments de ce que Kant appellera encore le « champ de bataille » de la métaphysique.

Ce qui vaut pour la *Métaphysique* peut être étendu à l'ensemble de l'œuvre aristotélicienne. Il est de coutume de citer le mot de Dante qui fait d'Aristote « le maître de ceux qui savent ». Le florès aristotélicien tient certainement à la multiplicité des champs ouverts et couverts par le corpus qui nous a été transmis. Mais il tient aussi à la plasticité d'une pensée pluraliste qui, tout en tentant de couvrir l'ensemble des régions du réel, s'efforce d'en respecter la singularité. De là provient cette tension manifeste entre un corpus qui se diffracte selon ses objets mais conserve l'unité à son horizon. En refusant de faire, avec Platon, de l'Un le principe du monde, Aristote conçoit l'unité comme l'objet d'une quête, plutôt que comme un donné. Au lieu du « maître de ceux qui savent », on serait avisé de voir en Aristote un infatigable chercheur, comme celui qui, même face aux animaux les plus ignobles (*PA* I 5), recherche l'ordre et la beauté, c'est-à-dire l'organisation et le sens.

BIBLIOGRAPHIE

SOURCES PRIMAIRES

Œuvres complètes

En grec

BEKKER I., *Aristotelis Opera*, Berlin, Reimer, 1831-1870.

GIGON O. (ed.), *Aristotelis Opera*, graece ex rec. I. Bekkeri, Berlin, 1831, vol I-II et IV-V, Berlin, W. De Gruyter, 1960-1961.

En Traduction

BARNES J. (ed.), *The complete works of Aristotle, The Revised Oxford Translation*, Princeton, Bollingen Series, 2 vol., 1984.

BODÉÜS R. (dir.), *Aristote, Œuvres. Éthique, Politique, Rhétorique, Poétique, Métaphysique*, Paris, Gallimard, 2014.

FLASHAR E. (ed.), *Aristoteles. Werke in deutscher Übersetzung*, Berlin, Akademie-Verlag, 20 vol., 1956.

PELLEGRIN P. (dir.), *Aristote. Œuvres complètes*, Paris, Flammarion, 2014.

Traductions françaises des traités (sélection)

Organon

BODÉÜS R., *Les Catégories*, Paris, Les Belles Lettres, 2001.

BRUNSCHWIG J., *Topiques*, Paris, Les Belles Lettres, 2 vol., 1967-2007.

CRUBELLIER M., *Premiers Analytiques*, Paris, GF-Flammarion, 2014.

CRUBELLIER M., DALIMIER C., PELLEGRIN P., *Catégories. Sur l'interprétation*, Paris, GF-Flammarion, 2007.

HECQUET M., *Les Réfutations sophistiques*, Paris, Vrin, 2019.

ILDEFONSE F., LALLOT J., *Les Catégories*, Paris, Seuil, 2002.

PELLEGRIN P., *Seconds Analytiques*, Paris, GF-Flammarion, 2005.

Rhétorique et Poétique

CHIRON P., *Rhétorique*, Paris, GF-Flammarion, 2007.

DUFOUR M., WARTELLE A., *Rhétorique*, Paris, Les Belles Lettres, 3 vol., 1931-1973.

DUPONT-ROC R., LALLOT J., *La Poétique*, Paris, Seuil, 1980.

GERNEZ B., *Poétique*, Paris, Les Belles Lettres, 1997.

Philosophie pratique

AUBONNET J., *Politique*, Paris, Les Belles Lettres, 4 vol., 1960-1989.

BODÉÜS R., *Éthique à Nicomaque*, Paris, GF-Flammarion, 2004.

DALIMIER C., *Éthique à Eudème*, Paris, GF-Flammarion, 2013.

DÉCARIE V., *Éthique à Eudème*, Paris, Vrin, 1978.

GAUTHIER R.-A., JOLIF J.-Y., *L'Éthique à Nicomaque*, Louvain, Peeters, 4 vol., 1970².

PELLEGRIN P., *Les Politiques*, Paris, GF-Flammarion, 1993.

SÈVE M., *Constitution d'Athènes : le régime politique des Athéniens*, Paris, Livre de poche, 2006.

TRICOT J., *Éthique à Nicomaque*, Paris, Vrin, 1997 (rééd.).

– *La Politique*, Paris, Vrin, 1995 (rééd.).

Physique

BODÉÜS R., *De l'Âme*, Paris, GF-Flammarion, 1993.

CARTERON H., *Physique*, Paris, Les Belles Lettres, 2 vol., 1926-1931.

DALIMIER C., PELLEGRIN P., *Du Ciel*, Paris, GF-Flammarion, 2004.

GROISARD J., *Météorologiques*, Paris, GF-Flammarion, 2008.

JANNONE A., BARBOTIN E., *De l'Âme*, Paris, Les Belles Lettres, 1966.

LOUIS P., *De la Génération des animaux*, Paris, Les Belles Lettres, 1961.

– *Histoire des animaux*, Paris, Les Belles Lettres, 3 vol., 1964-1969.

– *Marche des animaux, Mouvement des animaux*, Paris, Les Belles Lettres, 1973.

– *Météorologiques*, Paris, Les Belles Lettres, 2 vol., 1982.

– *Les Parties des animaux*, Paris, Les Belles Lettres, 1957.

MORAUX P., *Du Ciel*, Paris, Les Belles Lettres, 1965.

MOREL P.-M., *Le Mouvement des animaux – La Locomotion des animaux*, Paris, GF-Flammarion, 2013.

– *Petits traités d'histoire naturelle*, Paris, GF-Flammarion, 2000.

MUGNIER R., *Petits traités d'histoire naturelle*, Paris, Les Belles Lettres, 1953.

PELLEGRIN P., *Histoire des animaux*, Paris, GF-Flammarion, 2017.

– *Parties des animaux*, Paris, GF-Flammarion, 2011.

– *Physique*, Paris, GF-Flammarion, 2002.

RASHED M., *De la Génération et de la corruption*, Paris, Les Belles Lettres, 2005.

RODIER G., *Traité de l'âme*, Paris, Ernest Leroux Éditeur, 2 vol., 1900.

STEVENS A., *La Physique*, Paris, Vrin, 2012.

TRICOT J., *De l'Âme*, Paris, Vrin, 1995 (rééd.).

– *De la Génération et de la corruption*, Paris, Vrin, 1993 (rééd.).

– *Histoire des animaux*, Paris, Vrin, 1986 (rééd.).

– *Parva Naturalia*, suivi de *Traité Pseudo-Aristotélicien De Spiritu*, Paris, Vrin, 1999 (rééd.).

Philosophie première

BAGHDASSARIAN F., *Métaphysique. Livre Lambda*, Paris, Vrin, 2019.

BERTI E., *Métaphysique. Livre Epsilon*, Paris, Vrin, 2015.

BODÉÜS R., STEVENS A., *Métaphysique. Livre Delta*, Paris, Vrin, 2014.

CASSIN B., NARCY M., *La Décision du sens : le livre Gamma de la Métaphysique d'Aristote*, Paris, Vrin, 1998.

DUMINIL M.-P., JAULIN A., *Métaphysique*, Paris, GF-Flammarion, 2008.

HECQUET-DEVIENNE M., STEVENS A., (éd.), *Aristote, Métaphysique Gamma*. Édition, traduction, études, Louvain, Peeters, 2008.

MOREL P.-M., *Métaphysique. Livre Êta*, Paris, Vrin, 2015.

PRADEAU J.-F., *Métaphysique. Livre Alpha*, Paris, P.U.F., 2019.

TRICOT J., *Métaphysique*, Paris, Vrin, 2 vol. (« *editio minor* »), 1991 (rééd.).

– *Métaphysique*, Paris, Vrin, 2 vol. (« *editio major* »), 1986 (rééd.).

SOURCES SECONDAIRES

Vie d'Aristote

AOUAD M., « Aristote de Stagire », dans R. Goulet (dir.), *Dictionnaire des philosophes antiques*, Paris, CNRS éditions, 1989, vol. I, p. 413-590.

BODÉÜS R., « Aristote et Platon : l'enjeu philosophique du témoignage des biographes anciens », *Revue de Philosophie Ancienne*, 1986, 4, 1, p. 107-144.

CHROUST A.-H., *Aristotle : New Light on His Life and On Some of His Lost Works*, London, Routledge, 2 vol., 1973.

DILLON J., *The Heirs of Plato. A Study of the Old Academy (347-274 BC)*, Oxford, Oxford University Press, 2003.

DÜRING I., *Aristotle in the Ancient Biographical Tradition*, Göteborg-Stockholm, Almqvist & Wiksell, 1957.

HANSEN M.H., *La Démocratie athénienne à l'époque de Démosthène, Structure, principes et idéologie*, Paris, Tallandier, 2009.

LYNCH P.J., *Aristotle's school : a study of a Greek educational institution*, Berkeley, University of California Press, 1972.

NATALI C., « Aristotele Professore ? », *Phronesis*, 1991, 36, 1, p. 61-73.

– *Aristotle : His Life and School*, D.S. Hutchinson (ed.), Princeton, Princeton University Press, 2013.

ROISMAN J., WORTHINGTON I. (eds.), *A Companion to Ancient Macedonia*, Malden – Oxford, Wiley – Blackwell, 2010.

ROMEYER-DHERBEY G., « Le statut social d'Aristote à Athènes », *Revue de Métaphysique et de Morale*, 1986, 91, 3, p. 365-378.

SIHVOLA J., « Aristotle on Sex and Love », dans M.C. Nussbaum, J. Sihvola, (eds.), *The Sleep of Reason : Erotic Experience and Sexual Ethics in Ancient Greece and Rome*, Chicago, Chicago University Press, 2002, p. 200-221.

WHITEHEAD D., « Aristotle the metic », *Proceedings of the Cambridge Philological Society*, 1975, 21, p. 94-99.

Présentations générales

BARNES J. (ed.), *The Cambridge Companion to Aristotle*, Cambridge, Cambridge University Press, 1995.

BARNES J., SCHOFIELD M., SORABJI R. (eds.), *Articles on Aristotle*, 4 vol. (I. Science ; II. Ethics and Politics ; III. Metaphysics ; IV. Psychology and Aesthetics), Londres, Duckworth, 1975-1979.

BODÉÜS R., *Aristote. Une philosophie en quête du savoir*, Paris, Vrin, 2002.

BODÉÜS R., GAUTHIER-MUZELLEC M.-H., JAULIN A., WOLFF F., *La Philosophie d'Aristote*, Paris, P.U.F., 2003.

BERTI E., CRUBELLIER M. (éd.), *Lire Aristote*, Paris, P.U.F., 2016.

BRUNSCHWIG J., *Leçons sur Aristote*, Paris, Ellipses, 2016.

CRUBELLIER M., PELLEGRIN P., *Aristote. Le Philosophe et les savoirs*, Paris, Seuil, 2002.

LEFEBVRE D., *Aristote. Les Textes essentiels*, Paris, Hachette, 2003.

MERKER A., *Aristote, une philosophie pour la vie*, Paris, Ellipses, 2017.

MOREL P.-M., *Aristote. Une philosophie de l'activité*, Paris, GF-Flammarion, 2003.

PELLEGRIN P., *Dictionnaire Aristote*, Paris, Ellipses, 2007.

– « Aristote », dans J. Brunschwig, G. Lloyd, P. Pellegrin (éd.), *Le Savoir grec. Dictionnaire critique*, Paris, Flammarion, 2011, p. 628-655.

PRIMAVESI O., RAPP C., *Aristoteles*, München, C.H. Beck, 2016.

SHIELDS C. (ed.), *The Oxford Handbook of Aristotle*, Oxford, Oxford University Press, 2012.

SHIELDS C., « Aristotle », dans E. N. Zalta (ed.), *The Stanford Encyclopedia of Philosophy*, URL : <https://plato.stanford.edu/entries/aristotle/>, 2008, 2015.

Corpus

BARNES J., « Roman Aristotle », dans J. Barnes, M. Griffin (eds.), *Philosophia Togata II, Plato and Aristotle at Rome*, Oxford, Clarendon Press, p. 1-69.

HOFFMANN P., « Aristote de Stagire, l'œuvre d'Aristote », dans R. Goulet (dir.), *Dictionnaire des philosophes antiques*, Paris, CNRS éditions, 1989, vol. I, p. 424-442.

JAEGER W., *Aristoteles. Grundlegung einer Geschichte seiner Entwicklung*, Berlin, Weidmannsche Buchhandlung, 1923, traduction anglaise revue et augmentée : *Aristotle. Fundamentals of the History of his Development*, traduit par R. Robinson, Oxford, Clarendon Press, 1948[2]; trad. fr.

par O. Sedeyn, *Aristote. Fondements pour une histoire de son évolution*, Paris, Les éditions de l'éclat, 1997.

MORAUX P., *Les Listes anciennes des ouvrages d'Aristote*, Louvain, Éditions Universitaires, 1951.

WIANS W., POLANSKY R. (eds.), *Reading Aristotle. Argument and Exposition*, Leiden, Brill, 2017.

Logique, Rhétorique et Poétique

BARNES J., *Aristotle, Posterior Analytics*, (traduction et commentaire), Oxford, Clarendon Press, 1994[2].

BERTI E. (ed.), *Aristotle on Science : The Posterior Analytics*, 8th Symposium Aristotelicum, Padoue, Antenore, 1981.

BOLTON R., *Science, dialectique et éthique chez Aristote*, Louvain, Peeters, 2010.

CRIVELLI P., *Aristotle on Truth*, Cambridge, Cambridge University Press, 2004.

CRUBELLIER M., « Du *sullogismos* au "syllogisme" », *Revue Philosophique de la France et de l'étranger*, 2011, 136, p. 17-36.

– « L'unité de l'*Organon* », dans J. Brumberg-Chaumont (ed.), *Ad notitiam ignoti : L'Organon dans la 'translatio studiorum'à l'époque d'Albert le Grand*, Turnhout, Brepols, 2013, p. 37-62.

FURLEY D., NEHAMAS, A. (eds.), *Aristotle's Rhetoric. Philosophical Essays*, 12th Symposium Aristotelicum, New Jersey, Princeton University Press, 1994.

HALLIWELL S., *Aristotle's Poetics*, Londres, Duckworth, 1998[2].

IRWIN T., *Aristotle's First Principles*, Oxford, Clarendon Press, 1988.

LE BLOND J.-M., *Logique et méthode chez Aristote*, Paris, Vrin, 1939.

MALINK M., *Aristotle's Modal Syllogistic*, Cambridge (MA), Harvard University Press, 2013.

PRIMAVESI O., *Die aristotelische Topik*, Munich, C.H. Beck, 1996.

RAPP C., *Aristoteles, Rhetorik*, (introduction, traduction et commentaire), Berlin, Akademie Verlag, 2 vol., 2002.

RORTY A.O. (ed.), *Essays on Aristotle's Rhetoric*, Berkeley, University of California Press, 1996.

VELOSO C.W., *Pourquoi la "Poétique" d'Aristote? Diagogè*, Paris, Vrin, 2018.

Philosophie pratique

AUBENQUE P., *La Prudence chez Aristote*, Paris, P.U.F., 1963.

– *Problèmes aristotéliciens*, vol. 2 : *Philosophie pratique*, Paris, Vrin, 2011.

– (dir.), *Aristote politique. Études sur la Politique d'Aristote*, Paris, P.U.F., 1993.

BERMON E., LAURAND V., TERREL J. (éd.), *Politique d'Aristote. Famille, régimes, éducation*, Bordeaux, Presses Universitaires de Bordeaux, 2011.

– *L'Excellence politique chez Aristote*, Louvain, Peeters, 2017.

BODÉÜS R., *Le Philosophe et la Cité. Recherches sur les rapports entre morale et politique dans la pensée d'Aristote*, Paris, Les Belles Lettres, 1982.

BROADIE S., *Ethics with Aristotle*, Oxford, Oxford University Press, 1991.

DESTRÉE P. (éd.), *Aristote. Bonheur et vertus*, Paris, P.U.F., 2003.

DESTRÉE P., DESLAURIERS M. (eds.), *The Cambridge Companion to Aristotle's Politics*, Cambridge, Cambridge University Press, 2013.

FRANK J., *A Democracy of Distinction. Aristotle and the Work of Politics*, Chicago, University of Chicago Press, 2005.

KENNY A., *The Aristotelian Ethics : A Study of The Relationship between the Eudemian and Nicomachean Ethics of Aristotle*, Oxford, Clarendon Press, 1978.

KEYT D., MILLER F. (eds.), *A Companion to Aristotle's Politics*, Malden, Blackwell, 1991.

KRAUT R. (ed.), *The Blackwell Guide to Aristotle's Nicomachean Ethics*, Malden, Blackwell, 2006.

LAURENT J., *Leçons sur l'Éthique à Nicomaque d'Aristote*, Paris, Ellipses, 2013.

LOCKWOOD T., SAMARAS T. (eds.), *Aristotle's Politics : A Critical Guide*, Cambridge, Cambridge University Press, 2015.

MERKER A., *Une Morale pour les mortels. L'éthique de Platon et d'Aristote*, Paris, Les Belles Lettres, 2011.

– *Le Principe de l'action humaine selon Démosthène et Aristote. Hairesis – Prohairesis*, Paris, Les Belles Lettres, 2016.

MORAUX P., *Untersuchungen zur Eudemischen Ethik*, 5. Symposiums Aristotelicum, Berlin, De Gruyter, 1971.

MOREL P.-M. (dir.), *Aristote. Ontologie de l'action et savoir pratique*, Paris, Minuit, 2002.

– « Vertu éthique et rationalité pratique chez Aristote. Note sur la notion d'*hexis proairetikê* », *Philonsorbonne*, 2017, 11, p. 141-153.

MURGIER C., *Éthiques en dialogue, Aristote lecteur de Platon*, Paris, Vrin, 2014.

NATALI C., *L'Action efficace. Études sur la philosophie de l'action d'Aristote*, Louvain, Peeters, 2004.

— (ed.), *Aristotle : Nicomachean Ethics, Book 7*, 17th Symposium Aristotelicum, Oxford, Oxford University Press, 2009.

NUSSBAUM M., *The Fragility of Goodness. Luck and Ethics in Greek Tragedy and Philosophy*, Cambridge, Cambridge University Press, 1986, 2001[2]; trad. fr. par G. Colonna d'Istria et R. Frapet, avec J. Dadet, J.-P. Guillot et P. Présumey : *La Fragilité du bien. Fortune et éthique dans la tragédie et la philosophie grecques*, Paris, Les éditions de l'éclat, 2016.

PELLEGRIN P., « La "*Politique*" d'Aristote : Unité et fractures. Éloge de la lecture sommaire », *Revue Philosophique de la France et de l'Étranger*, 1987, 177, 2, p. 129-159.

– *L'Excellence menacée. Sur la philosophie politique d'Aristote*, Paris, Classiques Garnier, 2017.

POLANSKY R. (ed.), *The Cambridge Companion to Aristotle's Nicomachean Ethics*, Cambridge, Cambridge University Press, 2014.

ROGAN E., *La Stásis dans la politique d'Aristote. La cité sous tension*, Paris, Classiques Garnier, 2018.

ROMEYER-DHERBEY G., AUBRY G. (dir.), *L'Excellence de la vie. Sur l'Éthique à Nicomaque et l'Éthique à Eudème d'Aristote*, Paris, Vrin, 2002.

TERREL J., *La Politique d'Aristote : la démocratie à l'épreuve de la division sociale*, Paris, Vrin, 2015.

Physique

BRUNSCHWIG J., « Qu'est-ce que la "Physique" d'Aristote ? », dans F. De Gandt, P. Souffrin (éd.), *La Physique d'Aristote et les conditions d'une science de la nature*, Paris, Vrin, 1991, p. 11-40.

CARBONE A.L., *Aristote illustré. Représentation du corps et schématisation dans la biologie aristotélicienne*, Paris, Classiques Garnier, 2011.

COULOUBARITSIS L., *L'Avènement de la science physique. Essai sur la « Physique » d'Aristote*, Bruxelles, Ousia, 1997[2].

DE HAAS F., MANSFELD J. (eds.), *Aristotle : On Generation and Corruption, Book 1*, 15th Symposium Aristotelicum, Oxford, Clarendon Press, 2004.

FALCON A., *Aristotle and the Science of Nature. Unity without Uniformity*, Cambridge, Cambridge University Press, 2005.

GOTTHELF A., LENNOX J. (eds.), *Philosophical Issues in Aristotle's Biology*, Cambridge, Cambridge University Press, 1987.

LABARRIÈRE J.-L., *Langage, vie politique et mouvement des animaux : études aristotéliciennes*, Paris, Vrin, 2004.

LENNOX J., *Aristotle's Philosophy of Biology : Studies in the Origins of Life Science*, Cambridge, Cambridge University Press, 2001.

LEUNISSEN M., *Explanation and Teleology in Aristotle's Science of Nature*, Cambridge, Cambridge University Press, 2010.

– (ed.), *Aristotle's Physics : A critical guide*, Cambridge, Cambridge University Press, 2015.

MENN S., « Aristotle's Definition of the Soul and the Programme of the *De Anima* », *Oxford Studies in Ancient Philosophy*, 2002, 22, p. 83-139.

MOREL P.-M., *De la matière à l'action : Aristote et le problème du vivant*, Paris, Vrin, 2007.

– (éd.), *Aristote et la notion de nature. Enjeux épistémologiques et pratiques*, Bordeaux, Presses Universitaires de Bordeaux, 1997.

NUSSBAUM M.C., RORTY A.O. (eds.), *Essays on Aristotle's De Anima*, Oxford, Clarendon Press, 1992.

PELLEGRIN P., *La Classification des animaux chez Aristote. Statut de la biologie et unité de l'aristotélisme*, Paris, Les Belles Lettres, 1982.

POLANSKY R, *Aristotle's De Anima*, Cambridge, Cambridge University Press, 2007.

ROMEYER-DHERBEY G., VIANO C. (éd.), *Corps et âme. Sur le De Anima d'Aristote*, Paris, Vrin, 1996.

WATERLOW (BROADIE) S., *Nature, Change and Agency in Aristotle's Physics*, Oxford, Clarendon Press, 1982.

Philosophie première

AUBENQUE P., *Le Problème de l'être chez Aristote. Essai sur la problématique aristotélicienne*, Paris, P.U.F., 1962.

– *Problèmes aristotéliciens*, vol. 1 : *Philosophie théorique*, Paris, Vrin, 2009.

– (éd.), *Études sur la Métaphysique d'Aristote*, 6ᵉ Symposium Aristotelicum, Paris, Vrin, 1979.

AUBRY G., *Dieu sans la puissance. Dunamis et Energeia chez Aristote et chez Plotin*, Paris, Vrin, 2007 ; 2ᵉ édition augmentée, 2020.

BAGHDASSARIAN F., *La Question du divin chez Aristote. Discours sur les Dieux et science du principe*, Louvain, Peeters, 2016.

BERTI E., *Dialectique, physique et métaphysique. Études sur Aristote*, Louvain, Peeters, 2008.

BODÉÜS R., *Aristote et la théologie des vivants immortels*, Saint-Laurent, Bellarmin, 1992.

BONELLI M. (éd.), *Physique et métaphysique chez Aristote*, Paris, Vrin, 2012.

BURNYEAT M., *A Map of Metaphysics Zeta*, Pittsburg, Mathesis Publications, 2001.

CRUBELLIER M., LAKS A. (eds.), *Aristotle's Metaphysics Beta*, 16ᵗʰ Symposium Aristotelicum, Oxford, Oxford University Press, 2009.

DELCOMMINETTE S., *Aristote et la Nécessité*, Paris, Vrin, 2018.

FAZZO S., *Commento al libro Lambda della "Metafisica" di Aristotele*, Naples, Bibliopolis, 2014.

FREDE M., CHARLES D. (eds.), *Aristotle's Metaphysics Lambda*, 14ᵗʰ Symposium Aristotelicum, Oxford, Oxford University Press, 2000.

JAULIN A., *Eidos et Ousia. De l'Unité théorique de la Métaphysique d'Aristote*, Paris, Klincksieck, 1999; réédition Paris, Classiques Garnier, 2015.

LEFEBVRE D., *Dynamis. Sens et genèse de la notion aristotélicienne de puissance*, Paris, Vrin, 2018.

LESZL W., *Aristotle's conception of ontology*, Padoue, Antenore, 1975.

MENN S., *The Aim and the Argument of Aristotle's Metaphysics*, accessible à https://www.philosophie.hu-berlin.de/de/lehrbereiche/antike/mitarbeiter/menn/contents (consulté le 31 Mars 2020).

NARCY M., TORDESILLAS A. (éd.), *La « Métaphysique »
d'Aristote. Perspectives contemporaines*, Paris, Vrin, 2005.

STEEL C. (ed.), *Aristotle's Metaphysics Alpha*, 18 th Symposium
Aristotelicum, Oxford, Oxford University Press, 2012.

STEVENS A., *L'Ontologie d'Aristote au carrefour du logique et
du réel*, Paris, Vrin, 2000.

PERSPECTIVES CONTEMPORAINES

ANNAS J., *Intelligent Virtue*, Oxford, Oxford University Press,
2011.

ANSCOMBE G.E.M., *Intention*, Oxford, Blackwell, 1957.
Traduction française par M. Maurice et C. Michon :
L'Intention, Paris, Gallimard, 2002.

– « Modern Moral Philosophy », *Philosophy*, 1958, 33, 124,
p. 1-19.

FOOT P., « Moral Arguments », *Mind*, 1958, 67, 268, p. 502-513.

– *Virtues and Vices and Other Essays in Moral Philosophy*,
Berkeley, University of California Press, 1978.

JAWORSKI W., *Structure and the Metaphysics of Mind. How
Hylomorphism Solves the Mind-Body Problem*, Oxford,
Oxford University Press, 2016.

KOSLICKI K., *Form, Matter, Substance*, Oxford, Oxford
University Press, 2018.

LOWE J., *The Four-Category Ontology : A Metaphysical
Foundation for Natural Science*, Oxford, Oxford University
Press, 2006.

MARMODORO A., MAYR E., *Metaphysics : An introduction to
Contemporary Debates and Their History*, Oxford, Oxford
University Press, 2019.

MUMFORD S., « Contemporary Efficient Causation. Aristotelian
themes », dans T.M. Schmaltz (ed.), *Efficient Causation :
A History*, Oxford, Oxford University Press, 2014,
p. 317-339.

MUMFORD S., ANJUM R.L., *Getting causes from Powers*, Oxford, Oxford University Press, 2011.

NOVÁK L., NOVOTNÝ D. (eds.), *Metaphysics. Aristotelian, Scholastic, Analytic*, Berlin, De Gruyter, 2012.

– *Neo-Aristotelian Perspectives in Metaphysics*, Londres, Routledge, 2014.

NUSSBAUM M.C., « Aristotelian Social Democracy », dans R. Douglass, G. Mara, H. Richardson (eds.), *Liberalism and the Good*, New York, Routledge, 1990, p. 203-252.

– « Non-Relative Virtues : An Aristotelian Approach », dans M.C. Nussbaum, A. Sen (eds), *The Quality of Life*, Oxford, Oxford University Press, 1993, p. 241-269.

– *Frontiers of Justice*, Cambridge (MA), Harvard University Press, 2006.

PETERS J. (ed.), *Aristotelian Ethics in Contemporary Perspective*, New York, Routledge, 2013.

RAPP C., « The Liaison between Analytic and Ancient Philosophy », dans M. van Ackeren (ed.), *Philosophy and the Historical Perspective*, Oxford, Oxford University Press, 2018, p. 120-139.

TAHKO T.E. (ed.), *Contemporary Aristotelian Metaphysics*, Cambridge, Cambridge University Press, 2012.

Les pages qui précèdent doivent tout ou presque aux livres et aux travaux listés, s'il est vrai que lire Aristote, c'est aussi s'inscrire dans une longue tradition d'interprétation.

*J'adresse des remerciements plus particuliers aux étudiantes et étudiants de l'Université Lyon 3, sans lesquels un enseignant serait comme un moteur tournant à vide (*Phys. *III 3), ainsi qu'à Michel Crubellier, Claire Louguet et Thomas Bénatouïl pour leurs relectures attentives.*

INDEX DES NOTIONS

TABLE DES MATIÈRES

Achevé d'imprimer en novembre 2020
La Manufacture - *Imprimeur* – 52200 Langres – Tél. : (33) 325 845 892
Imprimé en France – N° : 201128 – Dépôt légal : décembre 2020